Alte Rezepte und
Partituren,
aufgezeichnet von
Hanns Gruber...

Das Mahl und die Zeit.

...und mit der Gegenwart
verknüpft von
Hannelore Hopfer

Oben: Therese Gruber (1906–2002), Mutter von Hanns Gruber, bei der Arbeit. Die Aufnahme entstand in den 1970er Jahren im Innenhof des Danibauer-Hofes.
Links: Der fünfjährige Hanns Gruber.
(Fotos: Archiv Familie Gruber)

Einführung

Wenn man im Landkreis Freyung-Grafenau vom „Gruber Hanns“ redet, weiß (fast) jeder, wer gemeint ist. Und auch weit über die Landkreisgrenzen hinaus ist der Name vielen Menschen ein Begriff. 42 Jahre lang war Hanns Gruber Kreisheimatpfleger. 2013 hat er sich aus diesem Amt verabschiedet. Ganz genau am 9. Dezember 2013, ausgezeichnet mit dem Bundesverdienstkreuz 1. Klasse am Band der Bundesrepublik Deutschland. „Ohne Hanns Gruber gäbe es kein Freilichtmuseum Finsterau, kein Freyunger Schramlhaus und kein Wolfsteiner Heimatmuseum – und so manch Baudenkmal in der Region würde nicht mehr stehen“, schrieb die Passauer Neue Presse zu seinem Abschied.

Der Danibauer-Hof in Falkenbach. *(Foto: Karl-Heinz Paulus)*

Über den „Gruber Hanns“ gibt es viele Geschichten. Noch mehr Geschichten hat er aber in seinem Kopf. Und so begleitet ihn der Name „wandelndes Geschichtsbuch“.
Hanns Gruber ist auf dem „Danibauer-Hof“ in Falkenbach aufgewachsen. Der kleine Vierseithof ist seit 1660 im Besitz der Familie. In der Küche dieses Hofes ist die Grundlage für dieses Buch entstanden. Bis es geschrieben wurde, ist aber noch ein ganzes Leben gelebt worden: Hanns Gruber hat in Freyung und Waldkirchen eine Banklehre gemacht. Er war Jugendpfleger im Landratsamt und hat als Prokurist in einem Sägewerk gearbeitet. Zwischen 1971 und 1978 war er Bürgermeister der Gemeinde Kumreut, die damals noch eine eigene Gemeinde war und nicht ein Teil von Röhrnbach. Dritter Bürgermeister der Stadt Freyung, eine Tätigkeit in der Stadtverwaltung und Kreisrat waren weitere Stationen.

Heute ist der „Danibauer“ ein mit Slow Food-Schnecke ausgezeichnetes Wirtshaus. Einer der beiden Söhne ist Landrat des Landkreises Freyung-Grafenau. Und Hanns Gruber lebt in der „Anstalt“, wie er mit Augenzwinkern bemerkt. Seine lebenslange Liebe zu Büchern hat er in das Seniorenheim der Caritas in Freyung mit übersiedelt. Und in der Zeit des virusbedingten „Lockdown“ ist daraus diese fast schon philosophische Abhandlung über die Bedeutung von Essen, Kochen und Leben in der Küche geworden. Regionale Geschichten mit überregionaler Bedeutung. Nachdenken erwünscht.

Zum Geleit

Die Küche unserer Kindheit war geprägt von Duft nach gutem Essen. Damals waren uns Begriffe wie die Kultur des Essens nicht geläufig. Vielmehr genossen wir es, unsere Großmütter und unsere Mutter Eva Gruber beim Kochen zu beobachten. Noch viel mehr schätzten wir die hausgemachten Suppen, selbst gezogenen Soßen, Braten oder Mehlspeisen, die weit über das Repertoire von Apfelstrudel und Kaiserschmarrn hinausreichten. Diese Küche war nicht von Trends dominiert, sondern einfach nur überliefert. Regionalität und das Verkochen ganzer Tiere gehörte auch damals schon dazu. Vielmehr noch: Man kannte es nicht anders. Sicher waren uns g'stutzte Nudeln zu Kindestagen noch lieber als Schweineleber. Durch die Vielfalt an Speisen wurde jedoch auch unsere Leidenschaft für das Essen geweckt, ohne jede Scheu neue Geschmäcker auszuprobieren. Das heute immer seltener zubereitete Züngerl sei an dieser Stelle exemplarisch erwähnt. Eine Verklärung vergangener Zeiten? Vielleicht. Dennoch blieb die Neugier auf Neues wie auch die Freude über scheinbar längst vergessene Aromen. Zudem ist die Lust, selbst zeitintensive Gerichte zu kochen, ungebrochen. Warum? Einfach weil's besser schmeckt. Der Einwand, dass früher die Zeit eine andere war, ist durchaus berechtigt. Regionalität, Saisonalität sowie Respekt vor der Natur waren in der lokalen Küche tief verankert. Nur hierbei handelt es sich um keinen Trend. Denn schon frühere Generationen wussten, dass Qualität bei den Grundprodukten beginnt.

(Foto: Archiv Familie Gruber)

Das überlieferte Wissen zu Speisen aus einer früheren Zeit verblasst immer mehr. Insofern ist dieses Buch eine hervorragende Sammlung, sich an genau diesen Rezepten zu versuchen. Und nicht nur das: Es geht um die regionale Kultur des Essens.

Dr. Korbinian Gruber *Sebastian Gruber*

Danke

Ohne meine mithelfenden und unterstützenden „Assistenten“ wäre dieses Buch nicht zustande gekommen. Mein Dank gilt daher meinem „Einrichtungsleiter“ Josef Sammer, dem Pflegedienstleiter Peter Wagner und ganz besonders Bettina Schopper, die unendlich viel Geduld aufgewendet hat mit den Texten und mit mir, als Partnerin und „Gesponsin“.

Ich wünsche beim Blättern und beim Lesen ein wenig Geduld und ein lockeres Lächeln, und – wenn es gar sein muss – beim Probieren und Essen.

Die „kurzen Geschichten“ stammen allesamt aus meiner Feder, sind alle selbst erlebt – und auch wahr. Schwierigkeiten im Text könnten gelegentlich die „waidlerischen Urlaute“ machen. Das ist Absicht. Punkt. Manches kann nicht ins Hochdeutsche übersetzt werden. Es unterliegt dann einem komischen Zwang. Man könnte bei der Schreibweise natürlich den „Sprachatlas von Niederbayern“ zur Hilfe nehmen. Aber dann hätte man wieder nur „wissenschaftliche Erklärungen“. Es ist, wie es ist.

(Foto: Archiv Familie Gruber)

Ihr

Hanns Gruber

Kreisheimatpfleger i. R.

Freyung, im Juni 2021

Heimische Gemüse- und Kräutervielfalt im Bauerngarten.
(Foto: Karl-Heinz Paulus)

Inhaltsverzeichnis

Es ist angerichtet. Gedeckter Bauerntisch. *(Foto: Karl-Heinz Paulus)*

1.

Alte Rezepte und eine lange Bücher-Liebe.

Über 50 Exemplare zählt die Sammlung alter Kochbücher von Hanns Gruber *(Foto: Fotostudio Eder)*

Eine Google-Anfrage unter dem Stichwort „Kochrezepte" ergibt heute auf einschlägigen Plattformen mehrere 100.000 Ergebnisse. Kochbücher und Kochrezepte haben im 21. Jahrhundert Kultstatus erreicht. Der Eindruck drängt sich auf: Je weniger in den Haushalten selbst gekocht wird, desto länger ist die Reihe der Kochbücher im Regal. Parallel dazu gibt es einen Boom an Kochsendungen im herkömmlichen TV-Programm, ungezählte Videos auf allen Plattformen und gepostete Teller in den sozialen Netzwerken. Der Mangel ist in modernen Küchen nicht mehr zu Hause. Was fehlt, ist häufig das Miteinander.

In der Bauernküche in Falkenbach war ein Kochbuch eine kleine Kostbarkeit, abgegriffen und benützt. Ein kleines Heiligtum.

Und Hanns Gruber war ein Kind mit Liebe zum Lesen und zu Büchern:

„Ich konnte schon in meiner frühen Schulzeit einigermaßen lesen, eigentlich mehr buchstabieren. Leider nur die ‚Druckschrift' und später dann ‚Lateinisch'. Denn das Kochbuch meiner Mutter hatte meine Neugierde geweckt. Eine ungestillte Neugierde. Es war in ‚Deutsch' geschrieben und damit unlesbar, trotz wohlwollender Hilfe. Das Interesse ist abgeflaut, aber die Faszination für alte Kochbücher ist bis zum heutigen Tag geblieben. Viele Jahre später habe ich dann in der ‚Kistenbücherei' des Kreisjugendrings und in der Klosterbibliothek nach alten Kochbüchern Ausschau gehalten. Vergeblich. Erst auf bescheidenen Flohmärkten bin ich auf eine ‚Fundgrube' gestoßen und so ist langsam eine kleine Sammlung entstanden."

Der Durchbruch kommt mit einem Freund:

„Eines Tages erzählte mir der Sepp, er hätte einen kleinen Nachlass aus der ‚Garhammer-Dynastie' gekauft. Die ‚Garhammer-Dynastie' waren die Schwestern Kathi, Luise und Centa, letztere die Mutter von Richard Lankes. Ob ich Interesse hätte? Die Reihe bestand aus 10 bis 12 Exemplaren. Wieder handgeschrieben. Wieder in ‚deutscher Schrift'. Wieder nur bedingt lesbar. Was tun?

Die Lösung kam wie ein Geschenk vom Himmel. Die ‚Katholische Erwachsenenbildung' in Freyung bietet einen ‚Renovierungskurs' in Sütterlin von Rosalinde Levers-Ortner aus Grainet an. Die Wirkung habe ich so sehr ‚verinnerlicht', dass ich danach vieles wieder lesen und schreiben konnte.

Notizbücher mit handschriftlich eingetragenen Kochrezepten waren für die Hausfrauen kleine Schätze und wurden mit viel Sorgfalt geführt. *(Foto: Karl-Heinz Paulus)*

Die Faszination für alte Kochbücher hat die ‚kleine Sammlung' auf 50 Exponate anwachsen lassen. Sie sind aber lange Exponate geblieben. Ungelesen, verstaubt und fast vergessen."

Ein Virus lenkt den Blick auf die alten Kochbücher:

„Zwischenzeitlich bin ich in eine ‚mulitlaterale' Gesellschaft geraten. In die ‚Anstalt' der Caritas in Freyung, Geyersberger Straße 36. Dann kommt die Pandemie mit der strikten Quarantäne am 20. März 2020 – Frühlingsanfang. Das ‚Kochbuch-Arsenal' präsentiert sich im Bücherregal. Nicht nur sichtbar, sondern recht fordernd.

Die Zeit scheint stehen zu bleiben, bis ich die ‚Handgeschriebenen' hervorkrame und zu lesen beginne. Bald sind die Rezepte ‚fließend' übersetzt und eines nach dem anderen transkribiert.

130 Rezepte sind so ‚aufs Tablett' gekommen. Die meisten stammen von Theres Seyerer (geb. 1887), Metzgersgattin aus Jandelsbrunn. Sehr interessant auch die Poesie-Eintragungen im Anfang des Kochbuchs (1889/1906). Andere Rezepte sind von den Garhammer-Schwestern aus Freyung: Kathi, Luise und Centa, von meiner Mutter Therese Gruber (1906–2002) und von Rosa Ernstberger (Lebenszeit unbekannt) aus Freyung."

Hanns Gruber hat alle Rezepte mit der Hand transkribiert. Alte Rechtschreibweisen, Begriffe für Lebensmittel, Küchenwerkzeuge und Kochvorgänge hat er eins zu eins übernommen.

Für das Buch wurden alle Transkriptionen digitalisiert. Heute nicht mehr geläufige Wörter wurden mit Sternchen versehen und am Ende des Buches in alphabetischer Reihenfolge erläutert.
Von den gedruckten Büchern aus Grubers Sammlung ist die letzte Auflage seit weit mehr als 50 Jahren vergriffen und Rezept-Zitate daraus erwachen somit wieder zu neuem Leben.

105. Gebratenes Rebhün.

Daßelbe wird rein gepützt trocken dann pflaumiert nür wenn es notwendig ist gewaschen weil es sonst am Geschmack verliert dan gespickt schön dressiert güt gesalzen u. gepfeffert dann in einen Tigel mit Bütter gebraten Charlotten Zitronen einige Tropfen Wein Essig dazü u. so recht güt braten kürz gehen lassen und zületzt in Weingläsern Rotwein dazü u. sie sind fertig.

Beispiel einer Handtranskription von Hanns Gruber
aus dem Notizbuch von Theres Seyerer (geb. 1887), Metzgersgattin aus Jandelsbrunn.

2.

Die Küche als Lebensmittelpunkt.

Herd, Kochgeschirr und Holz in der einen Ecke, Eckbank an der Wand entlang laufend und Esstisch unterm Herrgottswinkel in der anderen. Dies war die typische Einrichtung einer Bauernküche, oder eigentlich genannt „Stube". *(Fotos: Karl-Heinz Paulus)*

Moderne Küchen haben einen Elektroherd, eine Mikrowelle, einen Kühlschrank, eine Spülmaschine, diverse elektrische Rühr-, Mix- und Knethilfen, und – für viele eine ganz besondere Errungenschaft – einen Thermomix. Die Gefriertruhe steht in der Abstellkammer oder im Keller. Das Wasser kommt aus der Wasserleitung von weit her. Die Lebensmittel und Gewürze ebenfalls. Gelebt wird im Wohnzimmer und in den Kinderzimmern. Der Esstisch in der Küche wird erst langsam wieder selbstverständlich.

Vor einem halben Jahrhundert und noch etwas länger war das anders.

Die Bauernküche in Falkenbach war das Zentrum des Hauses. Hier wurde gekocht und gewohnt – aber sie war auch ein Raum, in dem die Frau auf die Emanzipation des Mannes selbst im 20. Jahrhundert noch warten musste...

Geh eina Resl...

„Bei uns im alten Bauernhaus – es war Anfang der Siebzigerjahre – kam man durch die Haustür ins Fletz. Steingepflastert und mit einem Rundbogengewölbe überspannt.

Von dort gelangte man in die große Stube mit einem großen Kachelofen – ausgestattet mit einem doppelten Röhrenaufsatz und einer ‚Rean' (Röhre) neben dem Feuerloch und der ‚Heji' (Höhle) fürs Holz und die ‚Interkent'. An drei Seiten lief eine hohe Bank (60 cm hoch), nur die Mauer als Lehne. In der ‚liachten' Ecke der Bauerntisch mit Fußspangen und einer dicken Ahornplatte. Darunter ein ‚breiter Schubladen' für das leinene Tischtuch und das Besteck.

Eine ‚Viabeng' (Vorbank) und ein mächtiger Sessel für den Bauern und ein hellgrünes ‚Büffee' für das Geschirr waren die einzige Zierde neben dem Herrgottswinkel.

Das hätte ich jetzt bald vergessen: Oberhalb der ‚Heji' war noch die ‚Lean', eine Aussparung in der Mauer für Pfannen und größere Töpfe. Daneben war eine Halterung für ‚Nudelwalgerer', Siebe und sonstiges Kleinzeug.

Zwischen der ‚Lean' und dem Türstock zum Stübl zur Seite – das war der Schlafraum für meine Eltern – hing die ‚Kaffeemaschine' mit einem ‚Werfel' zum Drehen. Das Dekor war blau auf weißem Grund und stellte eine holländische

Innenhof des Danibauer-Hofs, dort ist auch die Wasserversorgung mit der gefassten Quelle und dem Grand. *(Fotos: Archiv Familie Gruber)*

Landschaft mit Windmühle dar. Darunter stand noch das ‚Geschirrschaffe', ein hölzerner Bottich auf drei Beinen.

Durch's Stübl kommt man über drei Steinstufen zum Gewölbekeller – aus lauter Feldsteinen gemauert. Am hinteren Eck eine Quelle, die im ‚Goan om' (im Garten oben) ihren Ursprung hatte. So war das ‚Klima' immer gleich.

Eines Tages hatte meine Mutter – es war spät im Winter – im Keller zu tun. Sie ‚birlte die Erdäpfe ab' (sie nahm die Triebe von den Kartoffeln). Natürlich dauerte das seine Zeit. Währenddessen lag mein Vater auf der Ofenbank auf dem sogenannten ‚Faulenzer' (eine kleine Kiste aus Holz mit schräg gezimmertem Deckel), auf einem Schaffell und rauchte seine ‚Bip' (Pfeife). Da fing auf dem Kachelofen die zuvor von der Mutter zugesetzte Milch zum Kochen an und ging über (ist übergelaufen). Der Vater war offenbar mit seiner ‚Bip' leicht eingeschlafen. Er hat sozusagen ‚gnofazt'. Dann kam sein Hilferuf:

‚Geh eina Resl, d'Mil geht über! De brandlt scha!'

Obwohl er fast daneben auf der Ofenbank lag, war er für die kochende Milch ganz einfach nicht zuständig."

Rezepte mit Milch

Hirse

Bedarf:
250 g Hirse, 1¾ Ltr. abgerahmte Milch, 40 g Butter, 1 Teelöffel Salz.

Die Hirse wird mit kaltem Wasser abgewaschen und mit 1 Ltr. heißer Milch und Salz auf geschlossenes Feuer aufgesetzt und langsam 2 Stunden weichgekocht, mit brauner Butter begossen angerichtet. Nach Belieben auch Kompott und getrocknete Zwetschgen dazugegeben.

Reis in der Milch

Bedarf: 8 gestrichene Eßlöffel Reis; 1 Ltr. Milch; ½ Kafeelöffel Salz, 1 Eßlöffel Zimt, 3 Eßlöffel Zucker.

Man wäscht den Reis mit heißem Wasser ab und setzt ihn dann mit der Milch auf das gedeckte, ja nicht offene Feuer und kocht ihn langsam unter öfterem Schütteln weich. Der Brei wird dann mit Zucker und Zimt bestreut.

Beide Rezepte aus: „Die gute Hausmannskost.“, Verein für Volks-Hygiene, Verlag Karl Aug. Seyfried & Comp., München, 1924. *(Foto: Lichtland)*

Rezepte mit Milch

Kefir

schäumender (moussierender) Milchwein, ist für Blutarme, Magen- und Lungenleidende usw. besonders gut.
Man gibt bohnengroß Preßhefe, 1 großen Eßlöffel gestoßenen Zucker, 1 gute Messerspitze doppelkohlensaures Natron und 1 Eßlöffel Wasser in eine Literflasche mit festem Verschluß und läßt es 6 Stunden auf dem Herde bei 20 bis 30 Grad Wärme stehen. Dann gießt man gut ¾ Liter zum Sieden erhitzte und wieder kalt gewordene Milch darauf, läßt alles 2 Tage lang bei 16 bis 18 Grad Wärme stehen und rüttelt die Flasche während dieser Zeit öfters auf. Dann ist der Kefir zum Genuß fertig. – Um ihn als Kur zu gebrauchen, muß man zwei Tage nacheinander je 1 Flasche auf obige Weise ansetzen, in der Folge läßt man dann 1/8 Liter von der Flüssigkeit nach dem Gebrauch in der Flasche, gibt dazu nur wieder 1 Messerspitze voll Natron, 1 Eßlöffel gestoßenen Zucker und ¾ Liter Milch, wie oben und läßt ihn immer wieder 2 Tage stehen.

Gerstenmichel

In eine unbestrichene große Bratpfanne gibt man 300 g Gerstengrütze und 100 g Zucker, vermengt sie mit ¾ Liter Milch und ¾ Liter Wasser und fügt nach Belieben etwas Zimt oder Vanille bei. Man läßt sie ¾ Stunden im Rohr backen, bestreicht sie zuletzt mit etwas Butter und bestreut sie leicht mit Zucker. Man gibt Dünstobst dazu. Statt Milch und Wasser kann man auch 5⁄4 Liter leichten Haferflockenabsud nach Nr. 28 nehmen.

Ordinäre Milchsuppe für 4 Personen

Rühre 3 Messerspitzen voll Mehl mit einem Ei und einem Glas Milch recht glatt, laß 2 Schoppen gute Milch aufsieden, rühre das Teiglein unter beständigem Umrühren schnell in die Milch; wenn es 5 Minuten mit der Milch gekocht hat, richte die Suppe über Weckensuppenschnittchen an und bringe sie sogleich zu Tisch. Sie kann mit Salz oder Zucker abgeschmeckt werden.

Rezept für Kefir aus: „Kochbuch für drei und mehr Personen", H. Lamprecht, Verlag von K. Dienstbier, München, Jahr: unbekannt.
Rezept für Gerstenmichel aus: „Sparkochbüchlein", Ergänzung zum Kochbuch für Drei von H. Lamprecht, Verlag von K. Dienstbier, München, Jahr: unbekannt.
Rezept für Ordinäre Milchsuppe für 4 Personen aus: „Marianne Strüf's vollständiges Kochbuch für alle Stände.", Marianne Strüf, Dr. Becher's Verlag, Stuttgart, 1846.

Rezepte mit Milch

58. Aufbewahrung der Milch, Milchverwertung.

Wer Milch aufbewahren will, um

a) guten, süßen Rahm (Obers, Sahne) zu bekommen, muß sie an einem kühlen Ort in eine weite Schüssel zugedeckt aufstellen. Stürzt man im Sommer eine zweite größere Schüssel darüber, bedeckt dieselbe mit einem groben nassen Tuch, dessen Enden links und rechts in ein Gefäß mit Wasser reichen, so trocknet dasselbe nicht ab und hält die Schüssel kühl. Nach 12 Stunden nimmt man den Rahm mit einem Löffel ab. Hat man Sorge, daß er an sehr heißen Tagen im Abkochen gerinnt, so kocht man ein Stückchen Zucker oder sehr wenig Pottasche mit.

b) Schlagrahm siehe Nr. 892.

c) Saure Milch stellt man offen an einen wärmeren, luftigen Ort. Sie ist sehr gesund und wird selbst von Magenleidenden gut verdaut. Manche lieben sie mit Zucker, Zimt und geriebenem Brot oder mit einem Schneebesen schaumig geschlagen und Rum oder Zitronengeschmack beigemischt. — Auf dem Lande macht man davon auch Milchsuppe. Man läßt die abgerahmte, dicke Milch heiß werden, verrührt 1 Löffel Mehl mit süßer Milch, kocht dieses in die Milch ein, läßt es damit einmal aufwallen, klopft 1 Eidotter mit dem sauren Rahm ab und verrührt damit die Suppe.

Saure Milch

stellt man offen an einen wärmeren, luftigen Ort. Sie ist sehr gesund und wird selbst von Magenleidenden gut verdaut. Manche lieben sie mit Zucker, Zimt und geriebenem Brot oder mit einem Schneebesen schaumig geschlagen und Rum oder Zitronengeschmack beigemischt. – Auf dem Lande macht man davon auch Milchsuppe. Man läßt die abgerahmte, dicke Milch heiß werden, verrührt 1 Löffel Mehl mit süßer Milch, kocht dieses in Milch ein, läßt es damit einmal aufwallen, klopft 1 Eidotter mit dem sauren Rahm ab und verrührt damit die Suppe.

Molke für Kranke

In ¾ Liter frisch gemolkene Milch rührt man 1 Kaffeelöffel Labessenz und läßt sie langsam heiß werden. Sobald sie zusammengeht, zieht man sie vom Feuer, läßt sie noch ½ Stunde stehen, bis sich die grünliche Molke vollständig abgesondert hat, seiht sie dann durch ein Tuch und verabfolgt* sie lau.

Beide Rezepte aus: „Kochbuch für drei und mehr Personen“, H. Lamprecht, Verlag von K. Dienstbier, München, Jahr: unbekannt.

Die Küche als Lebensmittelpunkt.

Dieses Aquarell lies Bürgermeister Fritz Wimmer 1986 in Dank und Anerkennung für Hanns Gruber zu dessen 50. Geburtstag von Hans Turek (1921–2000) anfertigen. Es zeigt die spielenden Dorfkinder im Winter (vorm Danibauer-Hof steht der junge Hanns Gruber) und den Blick auf den Dorfplatz mit Kapelle. *(Repro: Fotostudio Eder)*

Bis die Familie in Falkenbach ungestört zusammenleben konnte, waren jedoch einige Jahre ins Land gegangen. Einfach heiraten, nur weil die Liebe da und ein Kind unterwegs war, das hat die Ehre des Bauern auf einem niederbayerischen Bauernhof der 30er Jahre des 20. Jahrhunderts nicht zugelassen. Da mussten erst der Zweite Weltkrieg und einige Schicksalsschläge passieren.

„Mein Vater Johann Gruber, genannt ‚Hans', 1905 geboren, Bauernsohn aus Falkenbach, heiratete am 19. Mai 1935 die Wagnermeisterstochter Therese Spindler, Jahrgang 1906, ebenfalls aus Falkenbach – gegen den Willen des „alten Danibauern", meines späteren Großvaters. ‚Bua', meinte er, ‚dös gheat sö net' (das gehört sich nicht). ‚Sie ist koa Baierin. Drum kast a du amoi s'Haus net griang.'

Genau in dem Haus Falkenbach 2 kam ich am 17. März 1936 zur Welt.

Drei Jahre waren meine Eltern und ich noch geduldet auf dem Hof. Dann mussten wir gehen. Glücklicherweise nahm uns die Tante meines Vaters – es war die Schwester seiner Mutter, Maria Dafinger, Metzgermeisters Gattin und Wirtin in Freyung – auf.

Eine Wohnstube mit Küchenofen und ein Schlafzimmer waren unsere Behausung. Der Abort war draußen am Gang. Es war ein Bretterverschlag und die ‚Klumsen' (Ritzen) waren mit Inflationsscheinen auf der Innenseite ‚zuapikt' (zugeklebt). Im Winter war es oft sehr kalt.

Mein Vater ging in die Holzspulenfabrik Zuppinger in Freyung arbeiten und verdiente 26 Pfennig die Stunde.

Dann ‚vermehrte' sich die Familie: 1938 kam meine Schwester Martha dazu und 1940 mein Bruder Josef, der ‚Pepperl'.

Das alltägliche Leben war zwar ‚etwas beengt'. Trotzdem war unsere Familie bei der Dafinger Mare und ihrem Mucki gut aufgehoben. S'Marerl war da zunächst noch ledig. Aber der Neder Hans ging so lange ein und aus, bis er sie hatte. Der Dafinger Michi Senior, der erst spät vom Krieg heimgekommen ist, war der Hausherr. Er heiratete – im Laufe der Zeit – die Fannerl Simeth aus St. Oswald, eine Metzgerstochter. Der Ludwig war nicht heimgekommen. Er ist in Russland ums Leben gekommen.

Das vermeintliche Familienglück währte nicht lange. 1939 wurde mein Vater zum Militär eingezogen. Kurze Zeit diente er in Deutschland, dann an der Front in Frankreich und zuletzt auf der britischen Kanalinsel Alderney, wo er 1945 in Gefangenschaft kam. Anschließend wurde er bei einer Firma in London eingesetzt, die Blech erzeugte. Erst im Frühjahr 1947 wurde er entlassen.

Die Gruber-Geschwister Martha, Josef und Hanns. *(Foto: Archiv Familie Gruber)*

Wir alle hatten uns über seine gesunde Heimkehr riesig gefreut. Am allermeisten wohl unsere Mutter, seine geliebte Resl und wir drei Kinder. Meine Schwester Martha ging damals zu 1. Heiligen Kommunion.

Nicht lange daheim galt seine spürbare Sorge und sein Drängen der Suche nach Arbeit. In dieser Zeit ‚flog' sie nicht selbstverständlich daher. Die Möglichkeiten waren spärlich. Aber bereits nach wenigen Wochen wurde er fündig. Er hatte Glück. Das Kaufhaus ‚Ambros Garhammer in Freyung, Kolonial- und Schnittwaren – auch im Großhandel', suchte einen Hausmeister: für das umfangreiche Lager, den weitläufigen Haushaltbestand und den großen Obstgarten. Hier begann für meinen Vater eine völlig neue ‚Sequenz'. Es schien fürs Erste in geregelten Bahnen zu laufen – bis 1952.

Mein Großvater, ‚der alte Danibauer' in Falkenbach, ließ meinem Vater ausrichten, er möge bald einmal bei ihm vorbeischauen. Er hätte ihm was Wichtiges zu sagen. Nach anfangs skeptischem Zögern machte er sich dann doch auf den Weg zu seinem Vater nach Falkenbach – mit dem Radl, einem alten ‚Koam', das Gestell ‚Marke Vaterland'.

Es war schon fast ein historischer Moment in der Familiengeschichte: ‚zerst ausghaut' – ‚schauts, dass weida kemts' und dann ‚zruck (zurück) – warum? Woher der Sinneswandel? ‚Hans, i woas. Es foit ma schwar – aber i ha lang spekuliert. Da Nam, da Gruawa derf net aussterbn. Drum griagst du s'Haus und d'Mare s'Dani-Häusl (das ehemalige Inhaus). Mit de Gründ muaß is erscht na mit da Mare (seiner Tochter) reden.' Die eigentlich erhoffte Lösung, dass einer der Brüder meines Vaters aus Russland zurückkommen würde, hat sich nicht mehr erfüllt. Der ‚Wigg' wurde für tot erklärt und der ‚Schos' bleibt vermisst.

‚Do muaß i erscht mitn' Resl (meiner Mutter) ren (reden). Und d'Kina (die Kinder) hand a no.'

Schließlich willigten meine Eltern samt Kinderschar in diesen Handel ein. Im Frühsommer 1952 begann der Auszug beim Dafinger in Freyung und kleinweise die Übersiedlung auf den Danihof in Falkenbach."

Das eingeschneite „Häusl“ vom Danibauer-Hof.
(Foto: Karl-Heinz Paulus)

Falkenbach von Köppenreut aus gesehen.
(Foto: Hannelore Hopfer)

3.

Alte Rezepte oder gekocht wird, was da ist.

Hier wächst der Wintervorrat.
(Foto: Karl-Heinz Paulus)

Kochende Männer und Frauen sehen, lesen oder hören heute ein Rezept und kaufen danach im Supermarkt die Zutaten. Die weite Anreise von Gemüse, Obst und Fleisch wird erst langsam wieder hinterfragt. Für den jungen Hanns Gruber war regionale und saisonale Küche die Regel. Gekocht wurde was Garten, Feld und Stall hergegeben haben.

„Jetzt war mein Vater der Bauer. Meine Mutter war keine Wagnermeisterstochter, sondern die Bäuerin. Und ich als Ältester war der Knecht. Ich empfing dürftige und oft nur wortkarge Befehle und Anweisungen zum Füttern der Kühe und Ochsen, zum Ausmisten des Schweinestalls und des Hühnerstalls, zum ‚Guggerl zuamachen'. Meine Schwester Martha war ‚Handlangerin' in der Küche und der Pepperl, er war erst 12 Jahre alt, für d'Glanglarbeiten. Den Knecht, den mein Großvater hatte – es war zuletzt der ‚Bailö-Schos' – konnten wir uns nicht mehr leisten. Dafür kam einige Monate später eine junge Dirn – die Janina – ein Flüchtlingsmädl. Sie war aus der Perlesreuter Gegend.

Man nahm mich aus der Schule. Ich war am Maristengymnasium in Fürstenzell. Ich musste auf den Hof, sozusagen von dort in den Stall, auf die Wiesen und die Felder. Mir war die Materie zwar nicht fremd, aber ich hatte sie nicht von Kindesbeinen an gelernt. Ich war der ‚kleine Knecht' – ungelernt und unbedarft.

Ein Riesenberg tat sich vor mir auf.

Gänse. *(Foto: Karl-Heinz Paulus)*

Auf dem ‚Danihof' lebten 12 Kühe und einige Jungtiere (Kälber und Stierl), 2 Paar abgerichtete Ochsen, Schweine, Hühner, Gänse und 1 Pferd – der ‚Blasl' – seine Stirn trug eine weiße Blesse. Er war kein Solitär, hatte Eigensinn, aber im Pflug lief er ohne große Kommandos wie am Schnürchen."

Und zum Sattwerden gab es zu dieser Zeit eine Suppe. In den alten Kochbüchern finden sich Suppen, die heute niemand mehr kennt.

Suppen

Grüne Erbsensuppe

¼ Liter frische grüne Erbsen dünstet man in 50 Gramm Butter mit fein gewiegter Petersilie und Zwiebeln und einer kleinen, fein nudlig geschnittenen gelben Rübe recht weich, indem man immer etwas Wurzelbrühe oder Wasser aufgießt, aber vor dem Stauben kurz eindünsten läßt. Dann gibt man 2 Eßlöffel Mehl darauf, verdünnt es mit Wurzelbrühe oder Wasser, läßt es gut aufkochen und gibt es über geröstete Semmelwürfel. Nach Belieben kann man auch alles durch einen Sieb treiben.

Rezept aus: „Kochbuch für drei und mehr Personen", H. Lamprecht, Verlag von K. Dienstbier, München, Jahr: unbekannt. *(Foto: Lichtland)*

78. **Kartoffelsuppe.**

4 oder 5 mittelgroße Kartoffeln werden geschält, in Scheiben geschnitten und gewaschen. Ebenso 1 gelbe Rübe, 1 Petersilienwurzel und 1 Stückchen Sellerie. Alles zusammen wird mit einem Stück Butter und etwas Wasser weichgedämpft, dann mit 1½ oder 2 Löffel Mehl gestäubt, damit gut verrührt, mit Wasser oder Wurzelbrühe verdünnt und dann gut aufgekocht. Nun wird alles durch ein Sieb getrieben, nochmals an das Feuer gestellt, damit es gut heiß wird, ein Stückchen frische Butter, sowie etwas weißer Pfeffer und geriebene Muskatnuß dazu gegeben, mit einem Ei legiert und über geröstete Weißbrotschnitten angerichtet.

Kartoffelsuppe

4 oder 5 mittelgroße Kartoffeln werden geschält, in Scheiben geschnitten und gewaschen. Ebenso 1 gelbe Rübe, 1 Petersilienwurzel und 1 Stückchen Sellerie. Alles zusammen wird mit einem Stück Butter und etwas Wasser weichgedämpft, dann mit 1 ½ oder 2 Löffel Mehl gestäubt, damit gut verrührt, mit Wasser oder Wurzelbrühe verdünnt und dann gut aufgekocht. Nun wird alles durch ein Sieb getrieben, nochmals an das Feuer gestellt, damit es gut heiß wird, ein Stückchen frische Butter, sowie etwas weißer Pfeffer und geriebene Muskatnuß dazu gegeben, mit einem Ei legiert und über geröstete Weißbrotschnitten angerichtet.

Rezept aus: „Kochbuch für drei und mehr Personen“, H. Lamprecht, Verlag von K. Dienstbier, München, Jahr: unbekannt. *(Foto: Karl-Heinz Paulus)*

Notizbuch von Theres Seyerer (geb. 1887), Metzgersgattin aus Jandelsbrunn. *(Fotos: Lichtland)*

Spargel Suppe

Hierzu werden Suppenspargel genommen gebutzt, soweit sie weich sind in Stücke geschnitten u. gewaschen in sidenten Salzwasser weich gekocht. Unterdessen wird ein Stückchen Butter mit Mehl geröstet mit Fleischbrühe aufgegossen gekocht u. den Spargel dazu mit Eier legiert u. zu gebäkten Brod angerichtet.

Gerstensuppe

Für 4 Personen nimt man ungefähr einen Vierling* feiner Gerste setzt solche nachdem sie gewaschen u. ein kleinen Rührlöffel voll Mehl ist dazugethan worden mit halb Wasser halb Fleischbrühe zum Feuer u. läßt sie langsam kochen sonst läuft sie gleich über. Wenn sie eine Viertelstunde gekocht hat, thut man klein geschnittenen Sellerie und gelbe Rüben nebst ein wenig Muskathblüte darin u. füllts mit Fleischbrühe auf oder wer keine mag kann klein geschnittene Zitronenschalen nebst ein wenig Saft daran thung und es wieder kochen lassen. Vor dem Anrichten kann man ein baar Löffel voll süßen Ram daran thun. Alle Gerste mag sie fein oder grob sein, muß wenigstens ¾ Stunden kochen; sonst gibts keinen Schleim.

Selerie Suppe

Zwei Sellerie werden gereinigt abgeschält fein in Scheiben geschnitten u. in Fett weich gedünstet mit etwas Mehl bestäubt mit Fleischbrühe verdünt durch ein Sieb passiert u. über länglich geschnittenes geröstetes Semelbrod angerichtet.

Alle Rezepte aus dem Notizbuch von Theres Seyerer (geb. 1887), Metzgersgattin aus Jandelsbrunn.

Suppen

Wasser Suppe

Ein Stück Butter so groß wie ein halbes Hühnerei für etliche Kreuzer oder ein baar Hände voll Peterling*, davon das Kraut so vorher sauber geklaubt und gewaschen ist zusammengebunden wird die Wurzel geschaben u. klein geschnitten werden etwas Salz 8 - 10 gehakte weiße Brotschnitten nebst zwei in viertel geschnittene Zwiebeln alles zusammen in einen Hafen gethan etwas eine Maß siedendes Wasser darauf geschüttet und auf Kohlen gekocht bis Alles weich ist. Alsdann treibt man es durch einen Suppenseiher u. läßt es noch einmal aufsieden verrührt ein bar Eidotter mit einem Löffel voll recht fein gewiegten Peterling u. einer Kaffeschale voll süßen Rahm und schöpft von der oben genannten Brühe etwas an die verrührten Eidotter dieses wird in das vorige gegossen wohl untereinander gerührt, so angerichtet und Muskatnuß daran gerieben. Sollte es zu dünn sein, so kann man ein wenig feingeschnittenes Brotd darein tun.

Rezept aus dem Notizbuch von Theres Seyerer, Metzgersgattin aus Jandelsbrunn (geb. 1887).

Karfiol*-Suppe

Nach Belieben wird Karfiol genommen schön gebutzt u. eigens in Salzwasser weich gekocht. Unterdessen wird 1 Stück Butter in ein Kasserol gethan u. ein paar Kochlöffel Mehl einlaufen lassen, dann mit guter Tüß* aufgefüllt mit Eigelb legiert u. dann Kasserol in den Suppentopf vor den anrichten damit es nicht so verrührt aussieht man kann gebäcktes Brod gebackene Erbsen feine Knödel dazu geben.

Rezept aus dem Notizbuch von Theres Seyerer (geb. 1887), Metzgersgattin aus Jandelsbrunn.
(Foto: Karl-Heinz Paulus)

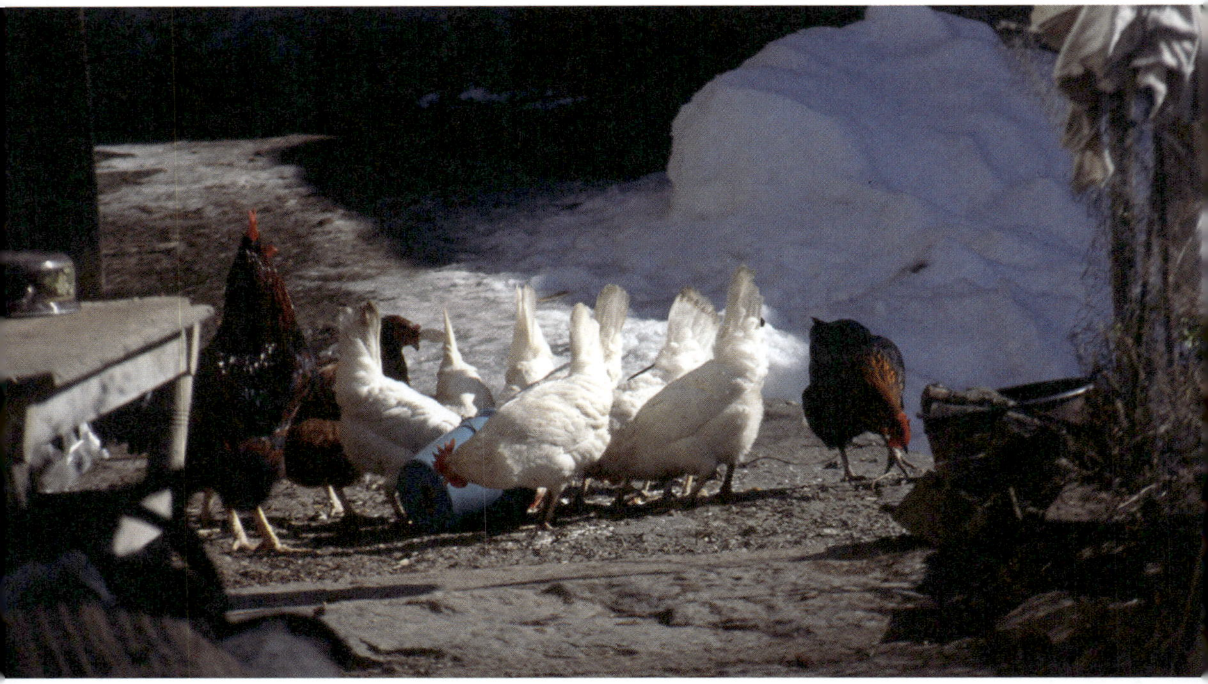

Fehlten auf keinem Hof, vermehrten sich selbstständig, verwerteten jeden Küchen-„Abfall“ und lieferten täglich frische Eier: Die Hühner, Gänse und Enten, ständig mit wachsamen Auge beschützt und bewacht von ihren Hähnen. *(Fotos: Karl-Heinz Paulus)*

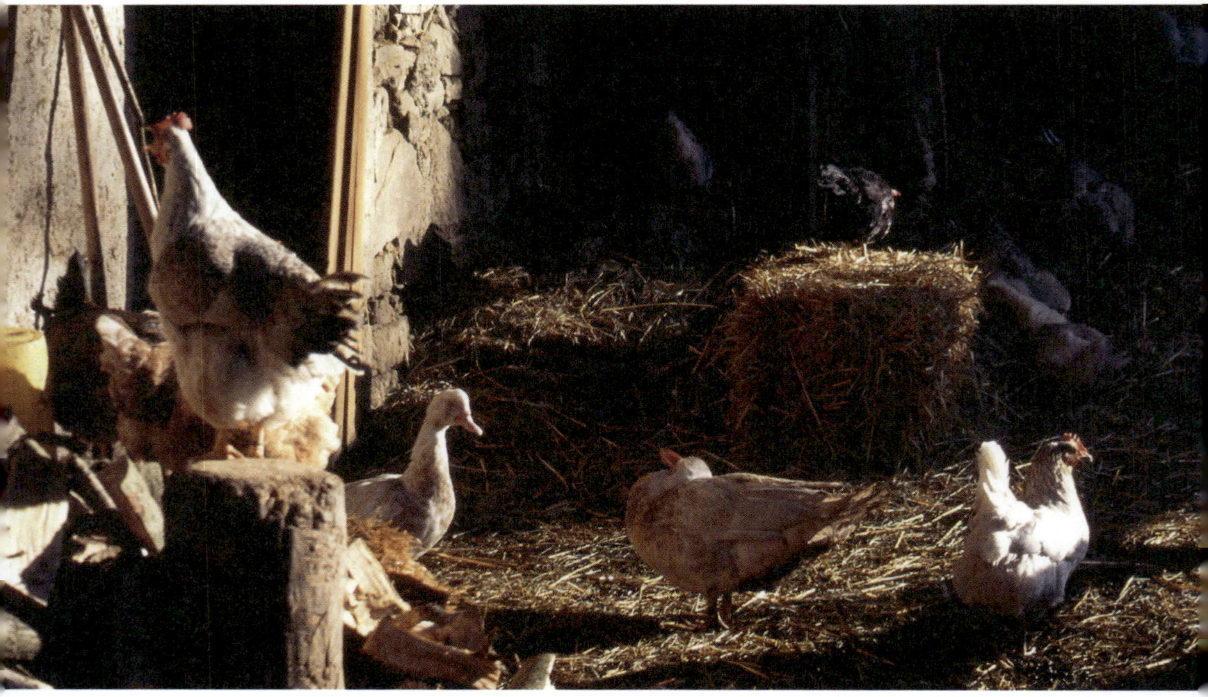

Bier Suppe ohne Milch

laß ein Seidlein* weißes Bier mit einem Stückchen Butter, ein welschen Nüß groß, siedend werden. Zuckere es nach Belieben. Zerklopfe 2 Eidottern rühre sie mit den siedenden Bier an u. richte es über würficht geschnittenes weißes oder auch schwarzes Brot an u. bestreue es mit gestoßenen Zimt oder Muskatnuß.

Wein Suppe mit einen Berg von geriebenen Brod

Man reibt von gut ausgetrocknetem schwarzen Brode auch so man will weißes darunter auf jede Person 2 kleine Hand voll gerechnet röstet solches in heißen Schmalz schön gelb dann mischt man ein wenig Zucker u. Weinbeer darunter schüts in Schüssel worin man die Suppe anrichten will u. drükt es mit sauber gewaschenen Händen so lange es noch heiß ist mitten in der Suppenschüssel zusammen daß es wird wie ein kleiner Berg ist, dann nimmt man 2 Teile Wein, den 3ten Teil Wasser kocht selbiges 1 Viertelstunde mit Zucker gestoßenen Zimt und Cardamon, aufgeschäumt Zitronenschalen rührt 1 baar Eidotter mit 1 Löffel voll frischen Wasser ab, gießt den gekochten Wein daran u. schüttet es über den Berg von gerösteten Brei langsam ab dann fast zerrührt er bestreicht ihn mit abgezogenen, in der Mitte entzwei gespaltenen und länglichst geschnittenen Mandeln und trägt es zu Tisch. Man kann auch die Suppe auf eben diese Art von weißem Bier machen, nur das man hernach die Zitronen und Cardamon wegläßt.

Beide Rezepte aus dem Notizbuch von Theres Seyerer (geb. 1887), Metzgersgattin aus Jandelsbrunn.

Suppen

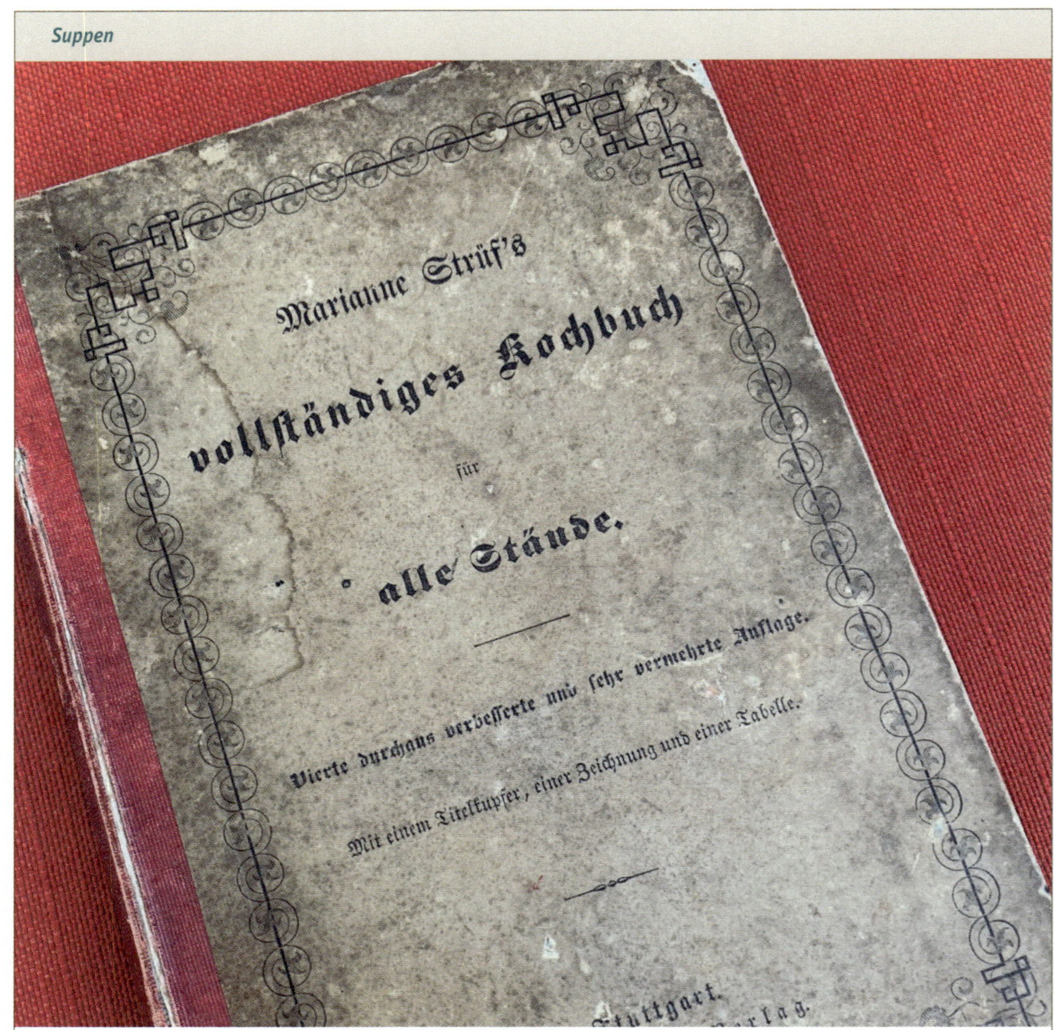

Hühnersuppe mit Klößen für 10 Personen

Nimm die Hälfte eines gesottenen Huhns und löse von ihm das Fleisch ab, hacke solches mit 30 geschälten Mandeln, 4 hart gesottenen Dottern und Petersilien recht fein. Die abgelösten Beine stoße in einem Mörser; wenn sie klein sind, so stoße das Gehackte noch einige Zeit mit, nimm es dann in eine Kasserole, gieße braune Fleischbrühe dazu; wenn diese eine Viertelstunde gekocht hat, laß sie durch das Haarsieb laufen und richte sie über Klöße von Hühnerfleisch an.

Aus: „Marianne Strüf's vollständiges Kochbuch für alle Stände.", Marianne Strüf, Dr. Becher's Verlag, Stuttgart, 1846. *(Foto: Lichtland)*

Suppen

81. Tauben (für Kranke).

Auf zwei in Viertel geschnittene Tauben röste eine Obertasse voll Habergrütze und stoße diese zu Pulver in einem Mörser. Die Tauben reibe mit wenig Salz ein und dünste sie in Butter zu beiden Seiten ab, alsdann streue die gestoßene Habergrütze darüber und laß sie ein wenig anziehen, verdünne es mit schwachgesalzener Kalbsbrühe (die

Tauben (für Kranke)

Auf zwei in Viertel geschnittene Tauben röste eine Obertasse voll Hafergrütze und stoße diese zu Pulver in einem Mörser. Die Tauben reibe mit wenig Salz ein und dünste sie in Butter zu beiden Seiten ab, alsdann streue die gestoßene Hafergrütze darüber und laß sie ein wenig anziehen, verdünne es mit schwachgesalzener Kalbsbrühe (die ohne Suppenkräuter gekocht wurde), füge große und kleine Bohnen, gebräunten Zucker und Zintronenschale bei und koche die Tauben mild.

Aus: „Marianne Strüf's vollständiges Kochbuch für alle Stände.", Marianne Strüf, Dr. Becher's Verlag, Stuttgart, 1846. *(Foto: Karl-Heinz Paulus)*

Jahreszeiten-Rezepte

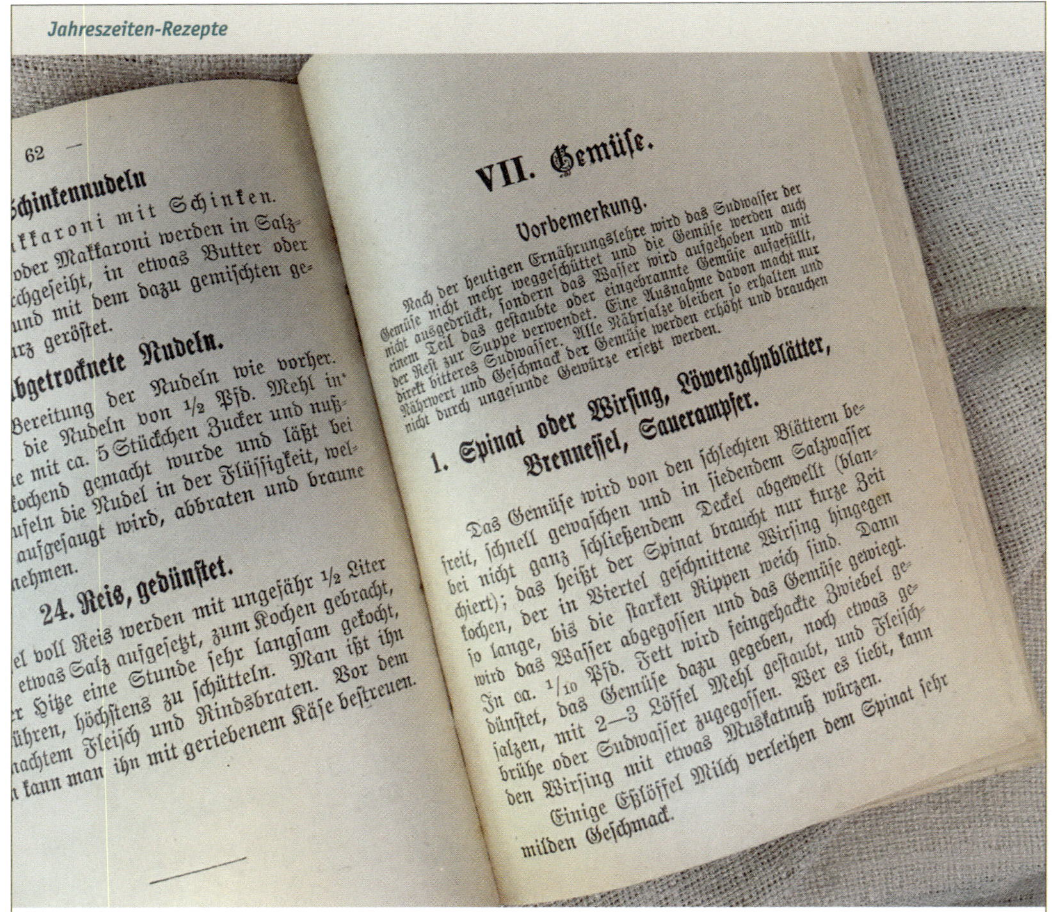

62 —

…chinkennudeln

…kkaroni mit Schinken.
…oder Makkaroni werden in Salz-
…chgeseiht, in etwas Butter oder
und mit dem dazu gemischten ge-
…rz geröstet.

…bgetrocknete Nudeln.

Bereitung der Nudeln wie vorher.
…die Nudeln von 1/2 Pfd. Mehl in
…e mit ca. 5 Stückchen Zucker und nuß-
…kochend gemacht wurde und läßt bei
…ufeln die Nudel in der Flüssigkeit, wel-
aufgesaugt wird, abbraten und braune
…nehmen.

24. Reis, gedünstet.

…el voll Reis werden mit ungefähr 1/2 Liter
etwas Salz aufgesetzt, zum Kochen gebracht,
…r Hitze eine Stunde sehr langsam gekocht,
…ühren, höchstens zu schütteln. Man ißt ihn
…achtem Fleisch und Rindsbraten. Vor dem
…kann man ihn mit geriebenem Käse bestreuen.

VII. Gemüse.

Vorbemerkung.

Nach der heutigen Ernährungslehre wird das Sudwasser der Gemüse nicht mehr weggeschüttet und die Gemüse werden auch nicht ausgedrückt, sondern das Wasser wird aufgehoben und mit einem Teil das gestaubte oder eingebrannte Gemüse aufgefüllt, der Rest zur Suppe verwendet. Eine Ausnahme davon macht nur direkt bitteres Sudwasser. Alle Nährsalze bleiben so erhalten und Nährwert und Geschmack der Gemüse werden erhöht und brauchen nicht durch ungesunde Gewürze ersetzt werden.

1. Spinat oder Wirsing, Löwenzahnblätter, Brennessel, Sauerampfer.

Das Gemüse wird von den schlechten Blättern befreit, schnell gewaschen und in siedendem Salzwasser bei nicht ganz schließendem Deckel abgewellt (blanchiert); das heißt der Spinat braucht nur kurze Zeit kochen, der in Viertel geschnittene Wirsing hingegen so lange, bis die starken Rippen weich sind. Dann wird das Wasser abgegossen und das Gemüse gewiegt. In ca. 1/10 Pfd. Fett wird feingehackte Zwiebel gedünstet, das Gemüse dazu gegeben, noch etwas gesalzen, mit 2—3 Löffel Mehl gestaubt, und Fleischbrühe oder Sudwasser zugegossen. Wer es liebt, kann den Wirsing mit etwas Muskatnuß würzen.
Einige Eßlöffel Milch verleihen dem Spinat sehr milden Geschmack.

Spinat oder Wirsing, Löwenzahnblätter, Brennessel, Sauerampfer

Das Gemüse wird von den schlechten Blättern befreit, schnell gewaschen und in siedendem Salzwasser bei nicht ganz schließendem Deckel abgewellt (blanchiert); daß heißt der Spinat braucht nur kurze Zeit kochen, der in Viertel geschnittene Wirsing hingegen so lange, bis die harten Rippen weich sind. Dann wird das Wasser abgegossen und das Gemüse gewiegt. In ca. 1/10 Pfd. Fett wird feingehackte Zwiebel gedünstet, das Gemüse dazugeben, noch etwas gesalzen, mit 2-3 Löffel Mehl gestaubt, und Fleischbrühe oder Sudwasser zugegossen.
Wer es liebt, kann den Wirsing mit etwas Muskatnuß würzen.
Einige Eßlöffel Milch verleihen dem Spinat sehr milden Geschmack.

Alle Rezepte aus: „Die gute Hausmannskost.“, Verein für Volks-Hygiene, Verlag Karl Aug. Seyfried & Comp., München, 1924.

Jahreszeiten-Rezepte

Weißkraut auf andere Art

1 Kopf Weißkraut wird in Viertel geschnitten und in Salzwasser einige Minuten gekocht, dann abgegossen in heißem Fett gedünstet, mit Mehl abgestaubt, mit Fleischbrühe aufgekocht und mit Salz und Kümmel gewürzt.

Krautwickel

Bedarf: Weißkraut, Fleischreste, Petersilie, Zwiebel, Salz, Pfeffer, Fett

Die großen Blätter vom Weißkrautkopf werden abgelöst, und einige Minuten in kochendem Salzwasser gesotten. Wirsingblätter können auf dieselbe Weise verwendet werden.
Übriggebliebenes Fleisch jeder Art wird mit Salz, Petersilie und Zwiebel fein gewiegt, auch etwas Pfeffer dazu geben, in heißem Fett gedünstet, etwas gestaubt und ganz wenig mit Wasser oder Fleischbrühe aufgegossen, daß es eine dicke Masse gibt. Diese wird in Blätter gewickelt und auf der Omlettepfanne in heißem Fett auf allen Seiten gut braun gebraten. Hat man wenig Fleischreste, so kann auch eingeweichtes und wieder ausgedrücktes Weißbrot mit verwendet werden. Auf dieselbe Weise verwendet man auch rohes, gehacktes Fleisch.

Alle Rezepte aus: „Die gute Hausmannskost.", Verein für Volks-Hygiene, Verlag Karl Aug. Seyfried & Comp., München, 1924. *(Foto: Karl-Heinz Paulus)*

Jahreszeiten-Rezepte

68. Suppe von Schnecken für 8 Personen.

Nimm 50 Stück gereinigte Schnecken, siede diese in 8 Schoppen gewöhnlicher Fleischbrühe weich. Die Hälfte der Schnecken hacke alsdann, wie auch etwas Petersilien und Zwiebeln. Das Gehackte dünste in 2 Loth Butter mit wenig Semmelmehl, und gieße die Schneckenbrühe langsam daran; wenn diese kocht, lege die andere Hälfte der noch ganzen Schnecken darein, ziehe die Suppe mit 2 Eidottern ab und gib sie mit gerösteten Schnitten zu Tisch.

Anmerk. Die Schnecken werden auf folgende Art gereinigt: Mit den Häusern spüle sie durch einige kalte Wasser, setze sie mit kaltem Wasser und etwas Salz zum Feuer; wenn sie eine Viertelstunde gekocht haben (so daß die Blättchen weggehen), löse ihnen die Schweife und das braune Hütchen, schneide die Spitze nach vorn zu weg, ziehe den Stachel heraus, reibe sie mit Salz ein, damit das Schleimige sich trenne, und spüle sie wiederholt durch mehrere Wasser.

Suppe von Schnecken für 8 Personen

Nimm 50 Stück gereinigte Schnecken, siebe diese in 8 Schoppen gewöhnlicher Fleischbrühe weich. Die Hälfte der Schnecken bade alsdann, wie auch etwas Petersilien und Zwiebeln. Das Gehackte dünste in 2 Loth Butter mit wenig Semmelmehl, und gieße die Schneckenbrühe langsam daran; wenn diese kocht lege die andere Hälfte der noch ganzen Schnecken darein, ziehe die Suppe mit 2 Eidottern ab und gieb sie mit gerösteten Schnitten zu Tisch.
Anmerk. Die Schnecken werden au folgende Art gereinigt: Mit den Häusern spüle sie durch einige kalte Wasser, setze sie mit kaltem Wasser und etwas Salz zum Feuer; wenn sie eine Viertelstunde gekocht haben (so daß die Blättchen weggehen), löse ihnen die Schweife und das braune Hütchen, schneide die Spitze nach vorn zu weg, ziehe den Stachel heraus, reibe sie mit Salz ein, damit das Schleimige sich trenne, und spüle sie wiederholt durch mehrere Wasser.

Aus: „Marianne Strüf's vollständiges Kochbuch für alle Stände.", Marianne Strüf, Dr. Becher's Verlag, Stuttgart, 1846.

Jahreszeiten-Rezepte

Quitten Marmelade

Reife Quitten, Birne u. Apfel durcheinander werden abgeschält in der Mitte getheilt u. dann weich gekocht, nach dem erkalten werden sie auf ein Sieb passiert. Auf 1 ℔ Mark wird 3/4 ℔ Zucker genommen und mit 1/4 Liter Saft werden Quitten gesotten wird der Zucker geläutert. Alsdann das Mark noch mitgekocht und unter beständigen rühren das es nicht anbrent dan kaltgerührt u. in Gläser gefüllt. NB kann auch 12 Stück Säuerling dazu nehmen u. dünsten u. mit passieren.

Bohnen in Essig

Den Bohnen werden die Fäden auf beiden Seiten mit den Messern entfernt fein aufgeschnitten alsdan eingesalzen und so über Nacht stehen lassen des anderen Tages wird Essig aufs Feuer zum Sieden gestellt mit Bohnenkraut u. dan über die Bohnen etwas abgekühlt gegossen so 2 mal wiederholt das dritte Mal aber die Bohnen einige Zeit jedoch nicht ganz weich kochen, laße in diesen Sude überdieß wird dan das ganze vom Feuer gestellt u. in steinernen Töpfen aufbewahrt.

Beide Rezepte aus dem Notizbuch von Theres Seyerer (geb. 1887), Metzgersgattin aus Jandelsbrunn. *(Fotos: Karl-Heinz Paulus)*

Jahreszeiten-Rezepte

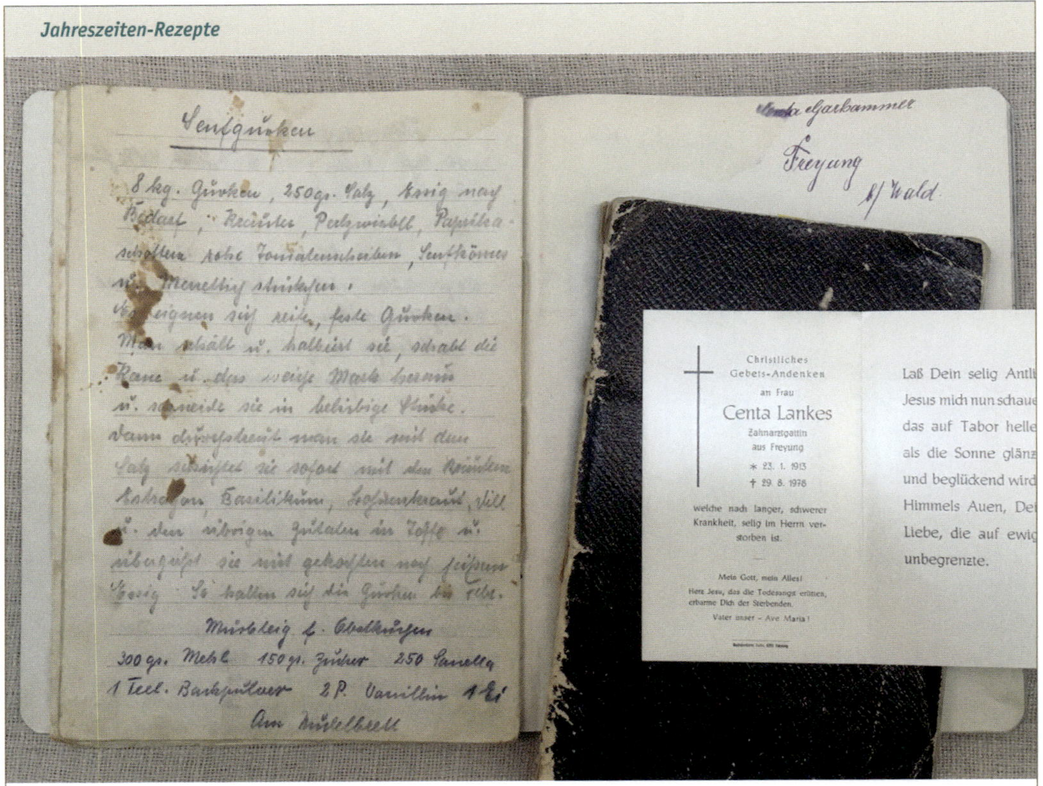

Senfgurken

8 kg. Gurken, 250 gr. Salz, Essig nach Bedarf, Kräuter, Perlzwiebel, Paprikaschoten, rohe Tomatenscheiben, Senfkörner u. Merrettichstückchen. Es eigenen sich reife, feste Gurken. Man schält u. halbiert sie, schabt die Kerne u. das weiche Mark heraus u. schneide sie in beliebige Stücke. Dann durchstreut man sie mit dem Salz schichtet sie sofort mit den Kräutern Estragon, Basilikum, Bohnenkraut, Dill u. den übrigen Zutaten in Töpfe u. übergießt sie mit gekochten noch heißem Essig. So halten sich die Gurken bis Febr.

Großes und kleines Notizbuch und Sterbekarte von Centa Garhammer, später: Lankes (1913–1978), Zahnarztgattin aus Freyung (Rezept aus großem Notitzbuch). *(Foto: Lichtland)*

Jahreszeiten-Rezepte

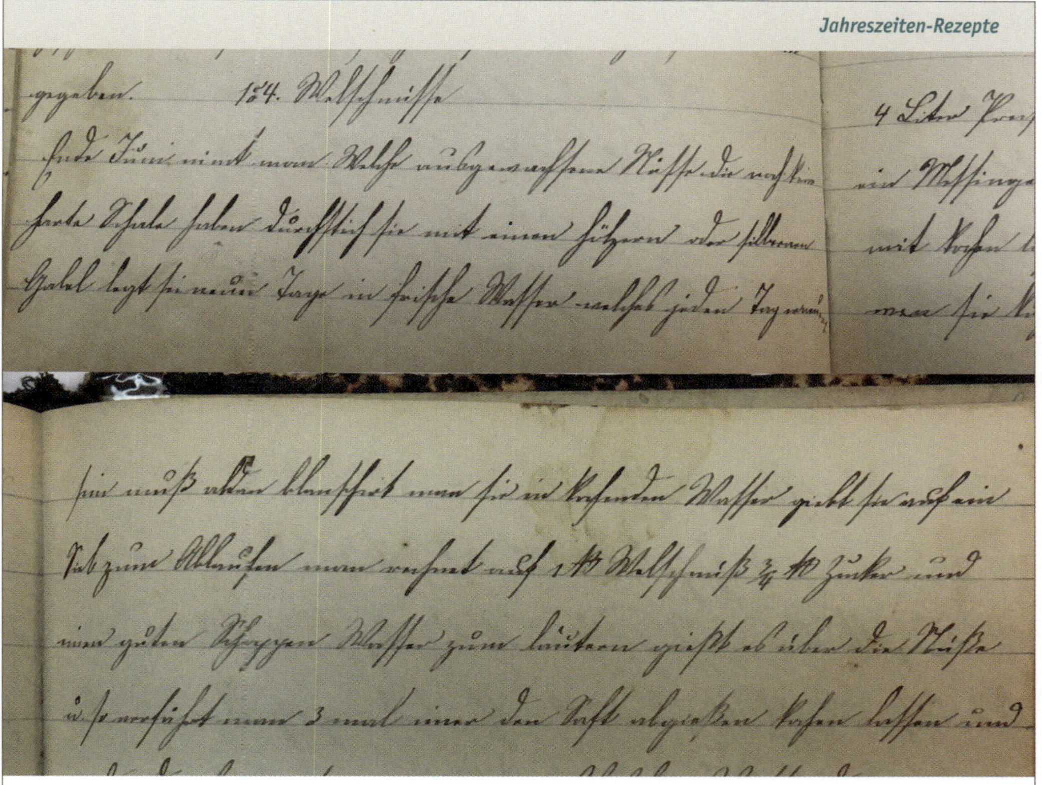

Welschnüsse*

Ende Juni nimmt man Welsche ausgewachsene Nüsse die noch keine harte Schale haben durchsticht sie mit einem hölzernen oder silberen Hachl legt sie neun Tage in frisches Wasser welches jeden Tag erneuert sein muß alsdann blaschiert man sie in kochenden Wasser gibt sie auf ein Sieb zum ablaufen man rechnet auf 1 ℔ Wallnüß 3/4 ℔ Zucker und einen guten Schoppen Wasser zum läutern gießt es über die Nüße u. so verfährt man 3 mal imer den Saft abgießen kochen lassen und wieder darüber gießen u. imer ein gläschen Wasser dazugenommen weil es einkocht u. über die Nüsse der Saft hergehen soll.

Rezept aus dem Notizbuch von Theres Seyerer (geb. 1887), Metzgersgattin aus Jandelsbrunn.

Jahreszeiten-Rezepte

Holder*mus, Holundermus

½ Liter Holunderbeeren wird rein gewaschen und mit beläufig 10 Stück halbierten, frischen Zwetschgen, 70 Gramm Zucker, 1 Stückchen ganzem Zimt und ¼ Liter Wasser langsam zusammen gekocht. Wenn es ein dickes Mus ist, rührt man noch 1 Eßlöffel Semmelbrösel und nach Belieben etwas Essig dazu, läßt es damit nochmals aufkochen, richtet es so oder auch durch ein Sieb gerieben in einer Schale an und läßt es erkalten.

Kastanien mit Äpfeln

Große, schöne Kastanien werden geschält, in siedendes Wasser gelegt bis die zweite Haut abgestreift werden kann, dann in Wasser, Butter und Zucker weichgedünstet und mit geschälten, in Scheiben geschnittenen, in etwas Wasser mit Wein Zucker und Zitronenschale weichgedünsteten Äpfeln beim Anrichten vermischt und so als Dünstobst zu Kapaunen* oder Gansbraten gegeben.

Beide Rezepte aus: „Kochbuch für drei und mehr Personen", H. Lamprecht, Verlag von K. Dienstbier, München, Jahr: unbekannt. *(Foto: Karl-Heinz Paulus)*

Jahreszeiten-Rezepte

Backteig mit Wein

120 Gramm feines Mehl werden mit ⅛ Liter Weißwein und 1 Eßlöffel feinem Olivenöl oder heißer Butter, 1 Löffel gestoßenem Zucker und etwas Salz zu einem dickfließenden Teig verrührt und der festgeschlagene Schnee von 1 Eiklar daruntergemischt. Man rührt aber diesen Teig nur kurz vor dem Backen an. – Statt heißer Butter ist es gut, mit feinem Olivenöl den Backteig anzurühren, da das Gebackene dadurch röscher wird.

Backteig von Bier, Backteig von Milch

bereitet man ganz wie oben, nur wird er statt mit so viel Wein mit ebensoviel Bier oder Milch, mit oder ohne Zucker bereitet.

Gebackene Holder*kücheln

Man taucht die Holunderblüte (Holler, Holunder) vorher in frisches Wasser, um sie gut zu reinigen, und läßt sie auf einem Tuche trocknen, dann nimmt man ein Sträußchen nach dem andern am Stiel, taucht sie in den Backteig *(Anm.: Rezept oben)* und bäckt sie in heißem Butterschmalz, ohne sie umzukehren. Nachdem sie auf Löschpapier gelegen, bestreut man sie mit Staubzucker und richtet sie auf die Schüssel, die Stiele nach oben, an.
Man achte darauf, daß man beim Backen anfangs mit den Stielchen die Blumen immer leicht unterstößt, damit sich die Blüten teilen und nicht e i n e Masse, sondern kraus werden.

Alle Rezepte aus: „Kochbuch für drei und mehr Personen", H. Lamprecht, Verlag von K. Dienstbier, München, Jahr: unbekannt. *(Foto: Karl-Heinz Paulus)*

4.

Das Fleisch lebt im Stall und ich muss mich darum kümmern.

Im Schweinestall. Stroh war als Einstreu selbstverständlich, Spaltenböden noch nicht erfunden. *(Foto: Karl-Heinz Paulus)*

Das Kotelett in Plastik verpackt. Das Filetstück als Sonderangebot. Die Wurst in Scheiben geschnitten. Die Herkunft ein Code. Ein Schweineleben in der Massentierhaltung. Ein Ende am EU-Schlachthof in der großen Stadt mit Arbeitern aus dem Ausland in prekären Verhältnissen. Der Weg der Tiere dorthin dicht gedrängt im Anhänger auf der Autobahn. Glückliche Schweine gibt es heute fast nur noch in der Werbung und auf vorbildlichen Bio-Bauernhöfen. Ein gutes Leben haben Schweine heute bereits, wenn sie auf Stroh leben dürfen und keinen Spaltenboden kennenlernen müssen. Frischluft erfahren nur wenige. Von einer Muttersau, die ihre Ferkel persönlich aufziehen darf, wird mittlerweile in den Medien berichtet.

Schweine und Ferkel im Stall. Noch vor wenigen Jahrzehnten war das auf niederbayerischen Bauernhöfen normal. „Saubesamer“ war im 20. Jahrhundert eine ehrenwerte Tätigkeit. Und die Ferkel wurden nicht mit Dutzenden anderen kleinen Schweinen, dicht gedrängt im LKW über die Autobahn zum Mastbetrieb oder zum Bauern gefahren. Das Ferkel wurde am Hof geboren und – wenn männlich – zunächst einmal kastriert.

Keine Geschichte für empfindliche Menschen. Und keine für empfindliche Männer.

S‘Fagglschneidn

„S‘Fagglschneidn ist das Kastrieren der männlichen Ferkel, wenn sie aus dem Gröbsten heraus, aber noch bei der Muttersau (Noschin) sind. 8 bis 12 Wochen nach dem ‚Abferkeln‘ wurden die männlichen Ferkel kastriert. Darum sprach mich mein Vater eines Tages nach der Morgensuppe an: ‚Hanse, heid miaß ma d‘Faggl schnei. Dess Moi muaßtas du doa, weil i scha a wenig zidat. Traust da’s zua?‘

Ganz sicher war ich mir nicht. Ich war schon öfter dabei und hab‘ zuagschaut. Aber jetzt selbst Hand anlegen? Das wollte ich eigentlich nicht. Aber wenn’s der Vater ernsthaft ‚befiehlt‘, bleibt nichts anderes übrig.

Die Mutter hatte mir schon das Werkzeug hergerichtet: ein schneidig geschliffenes Rasiermesser, einen blitzsauberen ‚Leinenhodan‘ (Leinentuch) und ein Flascherl Arnikatinktur. Dann brauchten wir noch den Dengelstuhl. Der hatte die richtige Höhe. ‚Vakeahtuma drafsitz’n‘ (verkehrt rum draufsetzen) – so gingen wir mit einem blauen Fetzen umgebunden ans Werk beim großen Granitstein vorm Grand. Der Vater war für den Transport vom Stall in den Hof zuständig und ich für den jeweiligen ‚Eingriff'. 7 von 12 Ferkeln kamen ‚unters Messer'. Man musste darauf achten, dass die kleinen Hoden nach hinten gedrückt wurden, eine kleine Spannung über dem Hoden entstand und die Hinterbeine nicht im Weg waren. Den Hoden nahm man zwischen die linken Fingerspitzen und zog ihn leicht nach hinten. Wenn das Säckchen stramm genug war, kam ein leichter Schnitt darüber, der Hoden wurde herausgedrückt und dann mit dem scharfen Messer abgetrennt. Dann das zweite ‚Ei' und die Öffnung gefühlvoll zusammengedrückt, reichlich Arnikatinktur und zurück in den Stall zur ‚Mutter'. Zuvor hatte man schon ein dickes Lager mit frischem Stroh aufbereitet.

Und so kam ein ‚Bär' (männliches Schwein) nach dem anderen an die Reihe, wie gesagt 7 insgesamt. Der letzte war der kräftigste. Aber er war auch nicht normal. Er war ein ‚Binneneber'. Dafür wäre normalerweise nicht ich zuständig gewesen, sondern der Tierarzt. Aber mein Vater beschloss: ‚Iaz geht's auf den a nimmer draf zam.' Er ging in den Saustall, fing den kleinen Frischling, setzte sich auf den Dengelstuhl und nahm ihn zwischen die Beine. Es half nichts mehr. Ich musste in dieses ‚Geschäft' – sprich: Kastration eines Binnenebers – einsteigen. Es dauerte noch einmal so lange wie normal, aber es war vollbracht – meinten wir.

Als mein Vater das kleine Ferkel neben den Grand hinlegte, tat es keinen Zucker mehr. Wir hätschelten es und ‚watschten' es, aber nichts. Einer gab dem anderen die Schuld. Mein Vater mir, weil ich so lange herumgedoktert habe. Ich ihm, weil er es zwischen den Beinen ‚zamdruggt hod'. Ich nahm den ‚Toten' bei den Hinterbeinen, tauchte ihn zwei- bis dreimal in den kalten Grand und legte ihn wieder aufs Pflaster. Auf einmal regte er sich, stand auf, beutelte den ganzen Körper und sprang über den Hof.

Er blieb auch weiterhin kerngesund, der Binneneber."

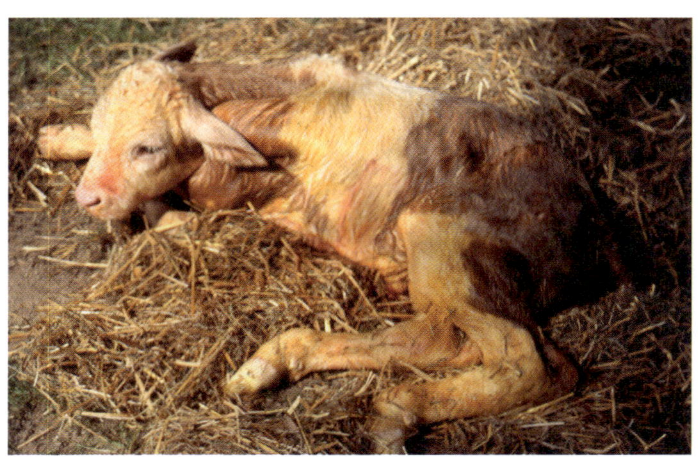

Neugeborenes Kälbchen.
(Foto: Karl-Heinz Paulus)

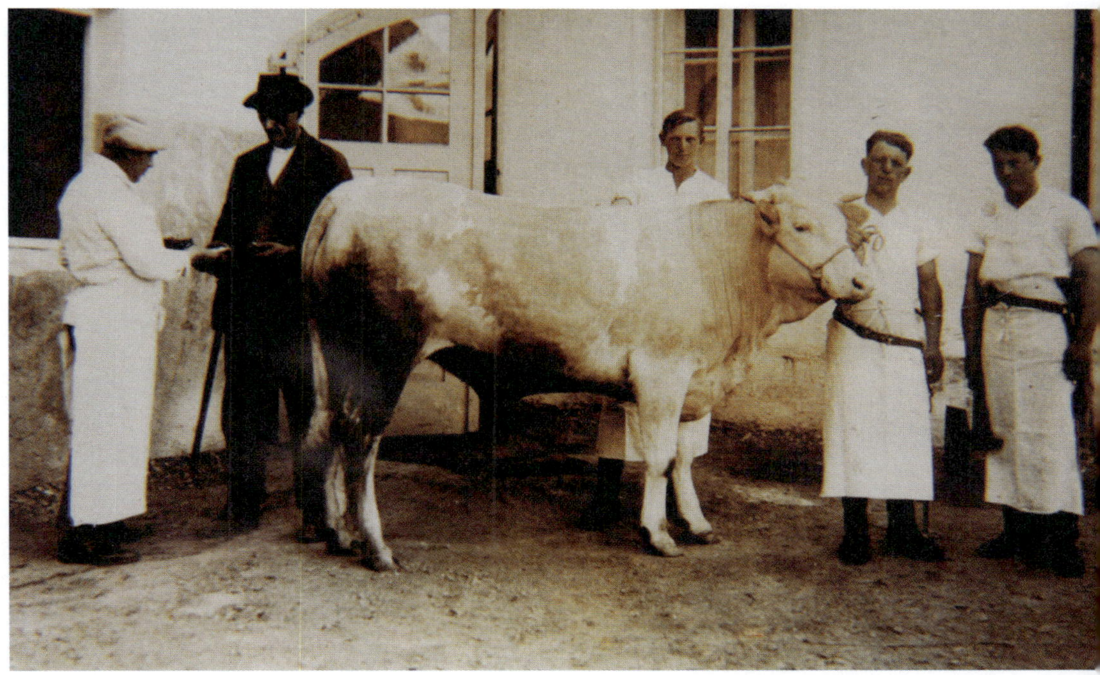

Der Metzger zahlt den Viehhändler, um 1930.
(Bild: Archiv Karl-Heinz Paulus)

45.7 Milliarden Euro im Jahr werden in Deutschland im Schlachterei- und Fleischverarbeitungsgewerbe umgesetzt. Die Verarbeitung von Fleisch gehört zu den wichtigsten Wirtschaftszweigen der Konsumgüterindustrie in Deutschland. Gezählt werden mehr als 1.400 Betriebe*. Geschlachtet wird in großen Mengen. Die angelieferten Tiere werden per Ohrmarke erfasst, aber sie bleiben anonym. Die Arbeitsbedingungen in den Schlachtbetrieben kommen immer wieder in die Schlagzeilen. In jüngster Zeit auch virusbedingte Krankheitsausbrüche.

***Kleine Metzgereien am Land, in denen noch selbst geschlachtet wird, sind mittlerweile Geheimtipps. Wo der Metzger die Tiere vom Bauern noch selbst im Hänger abholt, ist die Welt noch in Ordnung.
Für Vegetarier und Veganer natürlich nicht. Im Bayerischen Wald gibt es noch einige dieser standhaften Metzger, die angesichts immer komplizierter werdender Vorschriften nicht aufgegeben haben.
Sie sind die Hüter des alten Handwerks und des Respekts vor dem Lebensmittel Fleisch.***

*Quelle: de.statista.com veröffentlicht von Sandra Ahrens, 30.06.2020

Zumindest lange Transporte zum Schlachthof sind den Schweinen früher erspart geblieben. Sie wurden beim „Danibauer“ geboren und sie sind beim „Danibauer“ geschlachtet worden. Ewig leben durften auch sie nicht. Das Schlachten der Schweine gehörte zum Jahreslauf. Es war Daseinsvorsorge für den Winter. Wegschauen gab es nicht, auch nicht für die Kinder. Verwertet wurde alles – lange Zeit bevor „nose to tail“ modern war. Und die letzten Minuten des Schweines bleiben dem Kind von einst ein Leben lang in Erinnerung.

Eine Hausschlachtung ist anders als ein schneller Einkauf für ein paar Euro. Der Wert verändert sich, wenn ein Tier sein Leben für das Leben der Menschen gibt. Heute kann man nur wenige hundert Meter vom „Danibauer“ entfernt anonymes „Fast Food Fleisch“ im Vorbeifahren kaufen ohne auch nur an ein Tier zu denken. Für Kinder ist das scheinbar lustiger und der Einkauf wird häufig mit einem Spielzeug aus Plastik besonders schmackhaft gemacht.

Das Kind, das bei einer Hausschlachtung dabei war, wusste genau, wessen Fleisch und Wurst auf dem Teller war und dass der Weg vom Stall in die Küche für alle Beteiligten nicht immer leicht war.

Hausschlachtung. Links: Das Schwein wird zur Schlachtung geführt. Rechts: Nach der Tötung wird es gewaschen und die Borsten entfernt. *(Fotos: Karl-Heinz Paulus)*

S‘ Saustecha

„Es war fast schon ein alter Brauch, dass beim ‚Danibauer‘ in Falkenbach die Futtersauen zweimal im Jahr gestochen wurden: nachdem das Korn angebaut war und um Allerheiligen. So hatte man bald im toten Herbst ein fertiges Surfleisch und Punkt Weihnachten das ‚Geselchte‘ direkt vom Rauchfang abhängen können.

So kam auch kurz vor Allerheiligen der ‚Brand-Metzger‘, der Dafinger Ludwig aus Köppenreut, zum Saustechen zu uns nach Falkenbach. Alles war vorbereitet. Der hölzerne Sautrog. Das Holzgestell zum Aufhängen. Der holzgeheizte Kessel für's heiße Wasser zum ‚Bachln‘, und später zum ‚Brittn‘ (Brühen) der Blut- und Leberwürste, und zum Kochen der Haxen und des Saukopf's.

Gut. Mein Vater hatte eine Holzschwinge hergerichtet zum Sautreiben und einen festen Strick. Der wurde der betroffenen Sau an der hinteren linken Hax'n festgebunden. So wurde die etwa zweieinhalb bis drei Zentner schwere Sau aus dem Stall gelockt.

Es ging durch die Stalltür auf die ‚Gred‘ hinaus ins Freie. Sie war stallblind und deshalb bestimmte sie die Richtung auf das Hoftor zu: direkt entlang des Mist-

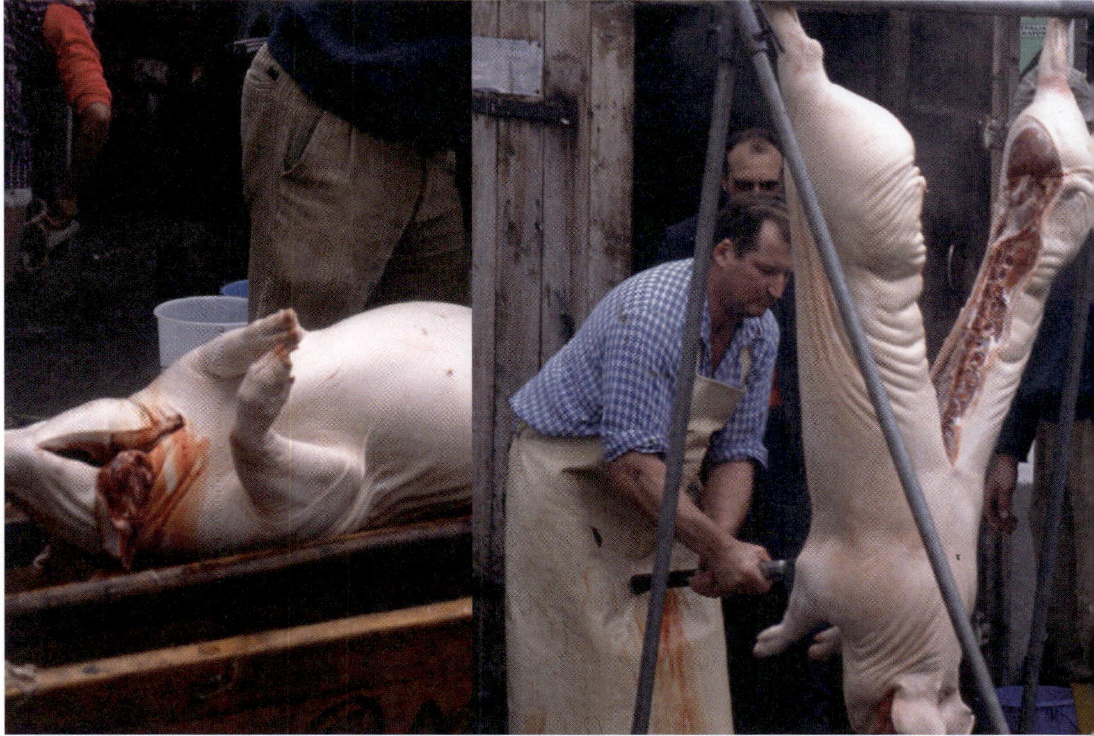

Links: Die Organe werden entnommen. Rechts: Das Schwein wird aufgehängt und zerlegt.
(Foto: Karl-Heinz Paulus)

haufens, vorbei am Sautrog und am Holzgestell. Nachdem das Hoftor im Weg war, sprang sie mit der Holzschwing über den Ohrwaschl'n über die Gred in die ‚Miststatt' und suchte weiter nach einem Ausweg.

So gelangte sie zwangsläufig in die aufgestaute ‚Odl' – bis zur Wampe.

Da waren der Metzger Dafinger und der Danibauer machtlos. Nachdem die Sau mit der ‚Odl-Locka' auch nicht auf den Geschmack kam, wählte sie nach und nach wieder das ‚Festland'. Allerdings in neuem ‚Outfit': bis unter die Wampe braun gefärbt und in der oberen Hälfte ‚saurot mit Borstenstruktur'. Sie schüttelte sich. Nicht zum Vergnügen der Sautreiber. Und sie haspelte der Miststattmauer entlang zum ‚Ausweg'. Nur der Metzger Ludwig, der breitbeinig mit seinen blauen Fetzen den Weg versperrte, war das Hindernis. Die Sau suchte mit ihrem Rüssel eine ‚Lugga' zum Ausbrechen, schielte mit den ‚Schweinseigerln', eine List im Visier und setzte zum Schweinsgalopp mitten durchs ‚Gestell' vom Dafinger Ludwig an. Sie hob ihn dabei aus, die Gummistiefel in der Luft und mit Hose und Arsch in der ‚Odl'. Die Sau machte einen kleinen Hupferer und kam so – ohne Treiber – wieder auf die Gred Richtung Sautrog zum Schlachtplatz.

Blut- und Leberwürste. *(Foto: Karl-Heinz Paulus)*

Gekonnt, mit einem Ansatz mitten am Hirn und einem Drücker am Schussapparat, lag sie auf der Steinplatte. Nach dem ‚Bachln' die üblichen ‚Amtshandlungen' des Ludwig. Das Metzgern nahm seinen Lauf. Einschließlich Amtstierarzt.

Der Dafinger-Metzger war in seinem Element. Meine Mutter hatte zwischenzeitlich den Wurstkessel unter Dampf gesetzt und das heiße Wasser für's ‚Wurstbritten'. Der Ludwig füllte per Hand die Darmhäute für die Blut- und Leberwürste und hatte auch schon den Kopf und die Hax'n für's ‚Britten' hergerichtet. So nahm alles seinen geregelten Lauf. Zwei bis drei Stunden.

Zum Schluss kam der Ludwig mit einer langen Metzgergabel und stach die eine oder andere Leberwurst noch scharf an. ‚Dann', so sagte er, ‚is' in der Brittsupp'n a na ebbs Nahrhafts drin.'

Die nassen und dreckigen Klamotten des Ludwig änderten nichts an ‚Würze und Güte' der Blut- und Leberwürschte."

Hanns Grubers Galloway-Rinder und Schafe. Die Feldarbeit in den 1970er Jahren.
(Fotos: Archiv Familie Gruber)

Fleischgerichte

Sauere Leber

Die Leber wird abgehäutet in kleine Schnitzel geschnitten mit Mehl bestäubt in fette Zwiebel fein gewirkt* anlaufen lassen hell-gelb, die Leber hinein wenige Minuten dünsten lassen etwas Essig und Salz dazu nebst Zitronen sie ist schnell fertig sonst wird sie hart.

Sülz

Man reinige ein halbes Ochsenmaul einen halben Ochsenfuß und schneide es sehr fein darunter dann siedet man alles zusammen, nehme ein halbes Quart Weinessig nebst Wasser binde in einen Läppchen Zwiebel Zitronenschalen Pfefferkörner wenige Nelken u. Haufen Blüten u. laß es mitkochen u. schäumen es öfters ab bis es gekocht ist dann schütte man in eine in kalten Wasser getauchte Schüssel u. laß es an einen kühlen Ort langsam sülzen.

Beide Rezepte aus dem Notizbuch von Theres Seyerer (geb. 1887), Metzgersgattin aus Jandelsbrunn. *(Foto: Karl-Heinz Paulus)*

Fleischgerichte

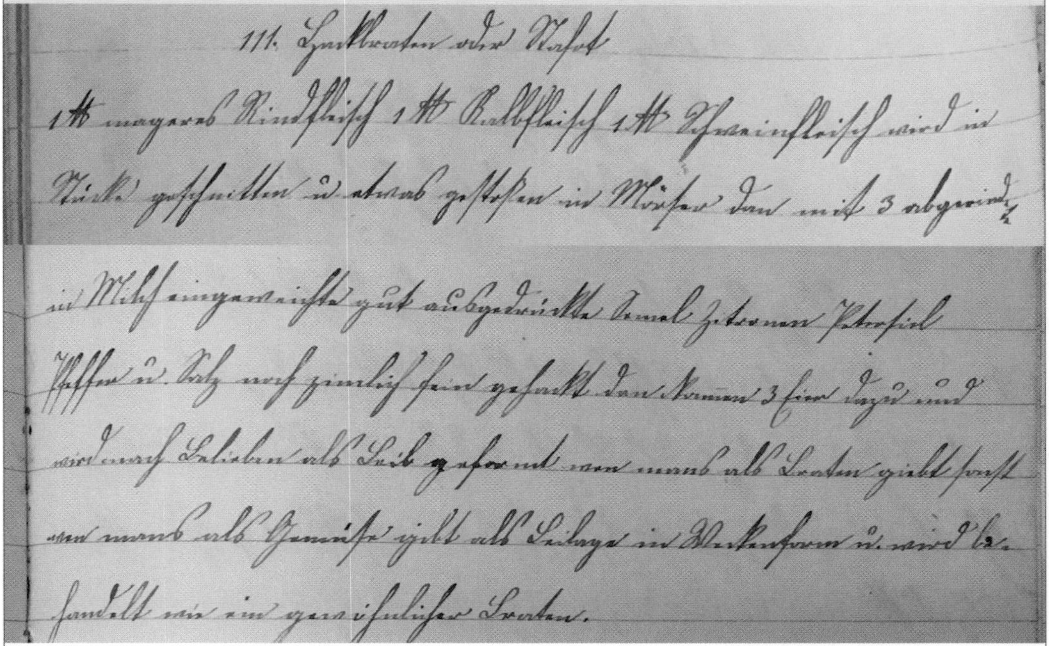

Hackbraten oder Nafot

1 ℔ mageres Rindfleisch, 1 ℔ Kalbfleisch, 1 ℔ Schweinefleisch wird in Stücke geschnitten und etwas gestoßen in Mörser und dann mit 3 abgewindeten in Milch eingewichte gut ausgedrückte Semel, Zitronen, Petersil, Pfeffer und Salz noch ziemlich fein gehackt dann kommen 3 Eier dazu und wird nach Belieben als Leib geformt wen mans als Braten giebt sonst wen mans als Gemüse gibt als Beilage in Weckenform u. wird behandelt wie ein gewöhnlicher Braten.

Rezept aus dem Notizbuch von Theres Seyerer (geb. 1887), Metzgersgattin aus Jandelsbrunn.

Fleischgerichte

Büchelsteiner

Rohe Kartoffel schälen, in Scheiben schneiden, Fleisch roh und gekocht in Würfel schneiden ziemlich viel Zwiebel, Porre* u. Petersilie schneiden ein wenig gelbe Rüben u. wenig Sellerie auf klein schneiden man kanns auch weglassen, wenn man etwas nicht hat. In einen Tigel gibt man am Boden etwas Fett, die hergerichteten Sachen lageweise hinein, gibt Salz, Pfeffer, Paprika, ein klein wenig Essig dazu u. d. nötige Wasser gibt noch einige Butterstückerl darauf, deckt gut zu u. läßt es weich dünsten.

Die Notizbücher und die Sterbekarte der Mutter von Hanns Gruber, Therese Gruber (1906–2002), aus Falkenbach. Das Rezept für Büchelsteiner stammt aus dem blauen Notizbuch. *(Foto: Lichtland)*

Fleischgerichte

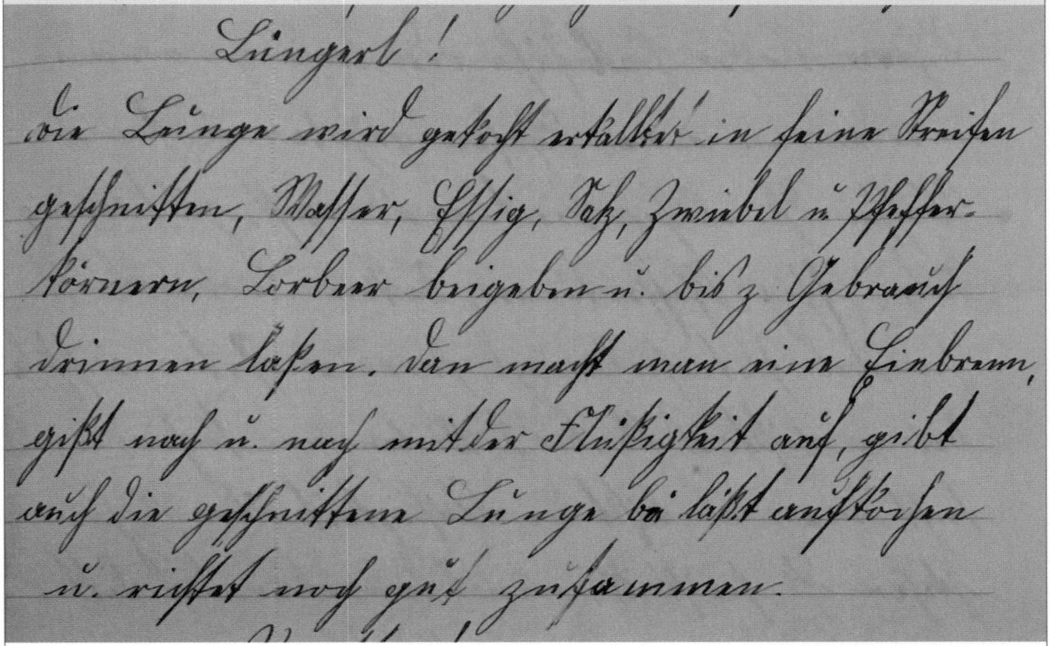

Lüngerl

Die Lunge wird gekocht erkaltet in feine Streifen geschnitten, Wasser, Essig, Salz, Zwiebel u. Pfefferkörner, Lorbeer beigeben u. bis z. Gebrauch drinnen laßen. Dann mach man eine Einbrenn, gißt nach u. nach mit der Flüßigkeit auf, gibt auch die geschnittene Lunge bei läßt aufkochen u. richtet noch gut zusammen.

Voressen

Die Schweinefüsse und was man noch dazu nehmen will werden gehackt und gekocht. Eine Einbren gemacht, mit der Sud aufgegossen, aufkochen laßen, auf das Fleisch begeben u. gut zusammen gerichtet mit Salz. Essig Pfeffer und Zitrone Lorbeerblätter.

Beide Rezepte aus dem blauen Notizbuch von Therese Gruber (1906–2002), aus Falkenbach.

Fleischgerichte

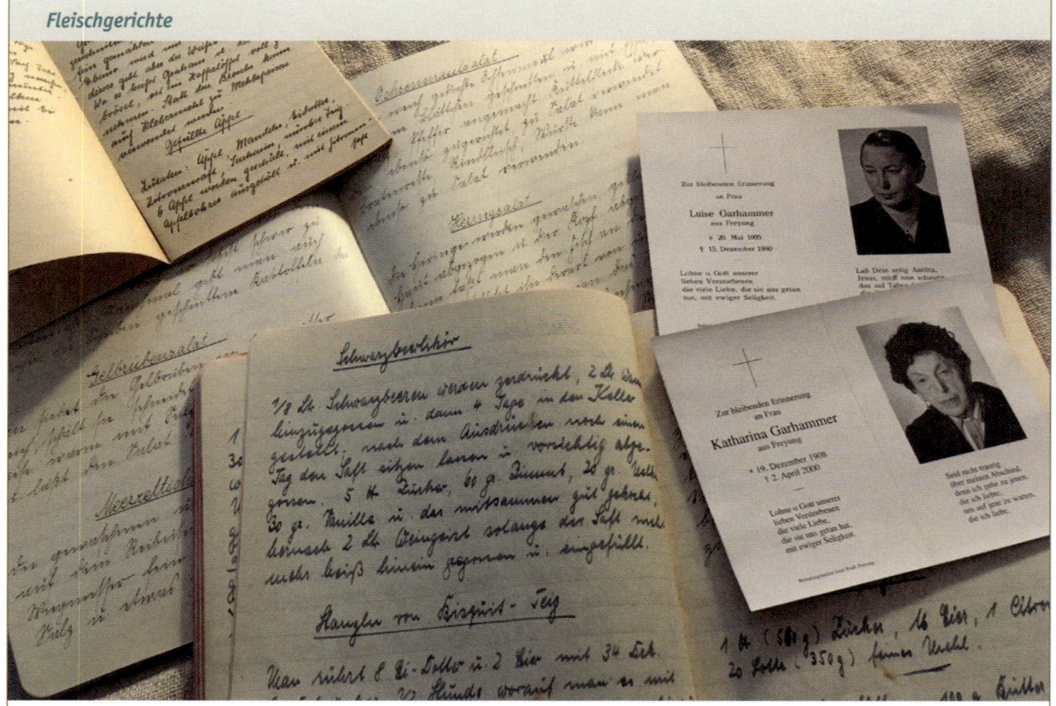

Ochsenschweifsuppe

Der Ochsenschweif wird in gleichmäßige Stücke glänzend ein wenig angebraten u. mit etwas Rotwein u. Fleischbrühe weich gedämpft. In einen Topf gibt man rohen Schinken, sowie etwas rohes Kalbfleisch, läßt dieses mit etwas zwiebeln und Butter anbraten, bis das Fleisch schön braun ist, bräunt dann noch soviel Mehl daran, daß man eine gebundene Suppe erhält, füllt mit Fleischbrühe auf gibt den Ochsenschweif zu u. läßt alles 2-2 ½ Std. kochen. Sodann wird das Fleisch von den Knochen abgelöst, die Suppe durch ein Sieb getrieben ein Glas Rotwein dazugegeben u. gut gewürzt. Beim Anrichten gibt man die gelösten Fleischstückchen u. verschiedene Klößchen zu 2 ½-3 Std.

Die Notizbücher und die Sterbekarten der Schwestern Luise Garhammer (1905–1990) und Katharina Garhammer (1908-2000), aus Freyung. Das Rezept für die Ochsenschweifsuppe stammt aus dem Notitzbuch Nr. 5 von Luise Garhammer. *(Foto: Lichtland)*

Fleischgerichte

Hirn in kalter Kräutersoße

Ein Hirn wässert man in lauem Wasser, löst die Haut mit den Äderchen gut ab und kocht es 10 Minuten in Salzwasser. Ausgekühlt, wird es in Scheiben geschnitten, mit Essig, Salz und Pfeffer übergossen und zugedeckt 2 Stunden stehen gelassen. Dann wiegt man (Estragonblätter) Schnittlauch, Petersilie (und Pimpinelle). 1 Ei wird sehr hart gekocht, man zerdrückt davon den Dotter ganz fein, gibt einen rohen Dotter dazu und rührt sie ½ Stunde, indem man nur tropfenweise 2-3 Löffel feines Olivenöl dazugibt, dann erst 1 Löffel der obigen Kräuter, 1 Eßlöffel französichen Senf, etwas Salz und Pfeffer und zuletzt nur so viel Essig, daß es eine dickflüssige Soße bleibt. Man nimmt nun eine Platte, gibt nudelartig geschnitten Endivien- oder Kopfsalat, den man vorher schon angemacht hat, gut abgetropft als Grundlage darauf, dann ordnet man die Stirnscheibchen ohne Essig hübsch darüber und übergießt es mit der gerührten Eisoße. Salat wird noch eigens dazu gereicht.

Schweinskoteletten

Um Schweinefleisch sehr vorteilhaft zu faschierten Koteletten zu verwenden, sondert man zuerst alles Fett vom Fleisch und schneidet es in sehr kleine Würfelchen, das Fleisch aber (ohne alles Fett) gibt man durch die Fleischmaschine, wiegt oder hackt es fein. Erst dann mengt man die Fettwürfelchen zum faschierten Fleisch, salzt und pfeffert es und gibt auf 250 g Schweinefleisch beiläufig 6 volle Esslöffel Brotbrößel dazu und formt davon feste Koteletten, die man ein bißchen mit Wasser bestreicht und in Mehl leicht umdreht. Man bäckt sie in sehr heißem Fett rasch auf der Pfanne in schöner Farbe und richtet sie dann sofort an.

Wurstschnitten

450 g gekochte und geriebene Kartoffeln werden mit 150 g Mehl und dem nötigen Salz rasch zu einem Teig geknetet, den man am Brett in drei Flecke fein auswalkt. 2-3 dickgeräucherte Würste (Regensburger) werden in dünne Scheiben geschnitten, von dem Teig sticht man in der Größe eines Weinglases Böden aus, gibt ein Wurstscheibchen darauf, einen zweiten darüber, und preßt sie am Rand zusammen. Diese Scheiben werden auf der Pfanne im heißen Fett auf beiden Seiten gebacken und zum Gemüse serviert.

Alle Rezepte aus dem „Sparkochbüchlein", Ergänzung zum Kochbuch für Drei von H. Lamprecht, Verlag von K. Dienstbier, München, Jahr: unbekannt.

Fleischgerichte

23. Fleischreste.

Verwendung von übriggebliebenem Fleisch.

554. Fleischkrapfen.

Die Reste von Rind- oder Kalbfleisch werden mit dem Fleisch eines geräucherten und gesottenen Schweinsrippchens feingewiegt. Eine halbe Stunde vorher gibt man 1 bis 2 abgeriebene Weißbrote in Milch oder auch Wasser und läßt sie weichen. Dann treibt man in einer Schüssel ein Stück Butter ab, gibt das fest ausgedrückte Weißbrot dazu, verrührt dies recht fein, gibt 1 ganzes Ei, feingewiegte Zwiebel, Petersiliengrün und Zitronenschale und etwas Salz dazu, zuletzt erst das gewiegte Fleisch und verrührt alles gut zusammen. Man formt daraus runde Laibchen auf einem Brett und bäckt sie in der Pfanne mit Butter auf beiden Seiten.

555. Geröstetes Fleisch.

Das in Scheiben geschnittene Rindfleisch salzt man, dreht es in Mehl um, gibt es in die Pfanne, in heiße Butter mit feingeschnittener Zwiebel und etwas Pfeffer, läßt es gelb anlaufen, gießt etwas Fleischbrühe und Bratensaft oder etwas Essig daran und dünstet es damit noch einige Minuten. — Hat man genügend Bratensaft, so dünstet man das Rindfleisch, ohne es in Mehl umzudrehen, mit etwas Zwiebel kurz darin mürbe und gießt die Soße mit etwas Fleischsuppe an.

556. Fleisch mit Sardellen.

Fleischkrapfen

Die Reste von Rind- oder Kalbfleisch werden mit dem Fleisch eines geräucherten und gesottenen Schweinsrippchens feingewiegt. Eine halbe Stunde vorher gibt man 1 bis 2 abgeriebene Weißbrote in Milch oder auch Wasser und läßt sie weichen. Dann treibt man in einer Schüssel ein Stück Butter ab, gibt das fest ausgedrückte Weißbrot dazu, verrührt dies recht fein, gibt 1 ganzes Ei, feingewiegte Zwiebel, Petersiliengrün und Zitronenschale und etwas Salz dazu, zuletzt erst das gewiegte Fleisch und verrührt alles gut zusammen. Man formt daraus runde Laibchen auf einem Brett und bäckt sie in der Pfanne mit Butter auf beiden Seiten.

Rezept aus dem „Kochbuch für drei und mehr Personen“, H. Lamprecht, Verlag von K. Dienstbier, München, Jahr: unbekannt.

Fleischgerichte

In der Küche des „Danibauer"-Wirtshauses liegen vorbereitete Wurst- und Käseplatten mit Krautsalat für ein kaltes Büffet bereit. Die Aufnahme entstand in den 1970er Jahren. *(Foto: Archiv Familie Gruber)*

Geröstetes Fleisch

Das in Scheiben geschnittene Rindfleich salzt man, dreht es in Mehl um, gibt es in die Pfanne in heiße Butter mit feingeschnitten Zwiebeln und etwas Pfeffer, läßt es gelb anlaufen, gießt etwas Fleischbrühe und Bratensaft oder etwas Essig daran und dünstet es damit noch einige Minuten. – Hat man genügend Bratensaft, so dünstet man das Rindfleisch, ohne es in Mehl umzudrehen, mit etwas Zwiebel kurz darin mürbe und gießt die Soße mit etwas Fleischsuppe an.

Fleisch mit Sardellen

Man gibt in die Pfanne mit heißer Butter die Scheiben von gesottenem oder gebratenem Fleisch, bräunt es rasch ein wenig, gibt dann feingewiegte Zwiebel, Petersilie, Zitronenschalen, 1 Eßlöffel gewiegte Sardellen dazu und läßt es mit saurem Rahm kurz aufkochen.

Alle Rezepte aus dem „Kochbuch für drei und mehr Personen", H. Lamprecht, Verlag von K. Dienstbier, München, Jahr: unbekannt.

5.

Das Getreide

Dreschen in Wilhelmsreut um 1925. *(Bild: Archiv Karl-Heinz Paulus)*

Getreidefelder – im Bayerischen Wald muss man sie heute fast schon mit der Lupe suchen. Die landwirtschaftliche Förderung und die Grundstücksgrößen sind nicht dafür gemacht. Der Mais ist auf dem Vormarsch. Er bringt dem Bauern das meiste Geld und die wenigste Arbeit. Was er mit dem Boden macht, zählt nicht mehr. Futtermittel werden importiert. Mühlen sind im 21. Jahrhundert beinahe eine aussterbende Art. Die Getreidemühle erlebt dafür in der Küche ernährungsbewusster Konsumenten den Aufstieg zum Statussymbol. Trotzdem gibt es noch die Ausnahmebetriebe, die heimische Bio-Bäckereien mit eigenem Korn und Mehl beliefern. Und ihr Ruf reicht mittlerweile weit über den Bayerischen Wald hinaus.

Noch vor einigen Jahrzehnten war die „Dreschersuppe" mehr als ein geselliges Beisammensein, für das extra auf einem kleinen Stück ein bisschen Weizen angebaut wird. Die alte „Dechentreiter" funktioniert immer noch und erinnert daran, was Ernte früher einmal war.

Ernte war ein Ereignis und ein Fest. Stroh, Körner und Mehl wurden gefeiert. Der Winter war gesichert, wenn die Einstreu und die Grundlage für Brot, Kochen und festtägliche Kuchen endlich sicher in Hof und Haus angekommen waren.

Das wichtige ‚Roa-Hei' (Rainheu) wird gemäht. Aufnahme aus den 1970er Jahren. *(Foto: Aus dem Archiv der Familie Winkler aus Köppenreut)*

Feld und Wald waren die „Ernährer". Das Wissen um die Bearbeitung wurde mündlich weitergegeben. Über die Jahre hat es sich verändert. Nicht immer zum Guten.

„Zum Danihof gehörten 74 Tagwerk ‚Grund' (1 Tagwerk = 3333,33 Quadratmeter).
Davon waren 34 Tagwerk Wald und 40 Tagwerk Wiesen und Äcker. Das Ödland und die vielen Raine waren auch dabei. Übrigens das ‚Roa-Hei' war fast eine Apotheke für's Vieh und die Lerche fand als Bodenbrüter in den Feldrainen auch noch Platz.

Wir saßen bei der ‚Nachtsuppe'. Aber vorher kam eine großer ‚Degl' mit weichgesottenen Erdäpfeln in die Mitte des Tisches – zum Schälen und auch als ‚Zugabe' für die eing'schmalzene Brotsuppe aus der weißen Emaille-Schüssel mit blauem Rand. Nach der ‚Nachtsuppe' ist dieses Mal der Bauer nicht als erster aufgestanden. Er machte Anstalten sitzen zu bleiben und er sagte nicht nur den ‚Arbeitsplan für morgen' an. Er breitete die ‚Dreifelderwirtschaft' auf unser Areal aus. Es war Ende August – Anfang September.

‚Hanse, moang passt's Wedda. Moang bauma s'Winterkoan und ön Winterwoiz. Ön Bäracker kimmt lauter Korn hie. Ön Ebenacker a Woiz. Ön Kreizacker herom a Korn und interhoi da Stroß ön Auswärtz a Howan mit an Klee. Ön Haaracker, ö da herintern Quanten, Sommerkor und dö ober Quantem loss ma ling (liegen = Brache) und ön Beinacker ent a. Do bau ma na an Klee drinter oder probier ma amoi a Luzerne. Ön Wegacker do miaß ma Hiagstockern, do kemand aufs Joah d'Erdöpfe, s'Kraut, d'Runkeln und Dorschten (weiße Kohlrüben) hi. Ön Ödzipf mecht i asama (vom Acker zur Wiese). Den loss ma afs Joah a ling.

Ön Ödacker (d'Öd) doama a Winterkorn hi. Da han i s'Schägler b'stellt von der Raiffeisen. Dös lobens recht, weils längane Ehern (Ähren) hot und an größern Kern. Neban Weg afa kimmt afs Joah da Ho-wan bis zan oidn Roa hi. Moang nochm Fuadan foah ma um Fuadagroß und oft fost mas s'Samtroid ei. I has ön Bon om (auf dem Boden oben) an dö Schrei (Schrein) scha a'gschriem.'

Mein Vater zündet sich wie gewohnt eine Pfeife (Bip) an und resümiert:
‚Iaz wißt's ös, warum dös Dreifelderwirtschaft hoaßt.'
Ich musste nicht nachfragen."

Zur wissenschaftlichen Erklärung aus dem Großen Brockhaus, Band 1:
Dreifelderwirtschaft – Bewirtschaftung einer Flur in dreijährigem Wechsel, früher Winter-, Sommergetreide, Brache; heute statt Brache: Hackfrüchte oder Futterpflanzen.
Brache – die, unbebauter Acker (Dreifelderwirtschaft), brachliegen, ungenutzt sein.

Das Feld, der Acker, die Flur wurden im Herbst noch einmal gepflügt, umgebrochen und dann ‚vergönnte' man dem Boden eine Rast. Er konnte sich erholen und regenerieren.

Neben der Brache gab es noch eine andere, immer seltener gewordene ‚Nutzungsvariante' – die ‚Heimruam'. Die Halmrübe, auch Wasserrübe genannt, ist eine rettichartige Futterfrucht für ‚d'Kiah' und für ‚d'Sau'. Nach dem Abernten kam das ‚Heimschinden' (ein ganz seichtes Umackern der geschnittenen Kornfelder). Ein Fleg (Fleck) in günstiger Lage wurde ausgewählt zum Anbau der ‚Heimruam'. Nach dem ‚Heimackern' wurde es mit der ‚Eng' (Egge) aufgestreift und dann kam die Aussaat. Der Samen war so klein und fein, dass man nur mit drei Fingern (ähnlich wie beim Kleesamen) hantieren durfte. Nach drei, vier Wochen oder auch länger, je nach Boden und Witterung, konnte man die ‚Heimruam' ernten. Sie wurden ausgerissen, zusamengeschlagen und auf dem

Feldstruktur am Westhang von Falkenbach bis zur Flurbereinigung in den 1970er Jahren.
(Foto: Archiv Karl-Heinz Paulus)

‚Dungwong' zu Verfüttern heimgefahren. Waren schon größere dabei, mussten sie per Hand auseinandergeschnitten werden, damit sich das Vieh nicht ‚würgt'.

Die ‚Heimruam' waren nicht nur als Viehfutter, sondern auch bei den Kindern begehrt. Sie gingen zum ‚Ruam stejn'. Dabei galt eine alte ‚Bauernregel': Nur die Rüben mit dem violetten Rand ums ‚Doschat' durfte man nehmen. Die anderen, die ganz weißen, waren gefährlich. Sie hießen ‚Bettsoacheruam'.

Meist hat diese Warnung geholfen, obwohl sie nicht wahr ist. Auch die ‚besseren Leut' kannten die ‚Ruam': als Rübenkraut. Es war eine Delikatesse – gehobelt, gewürzt, eingestampft und dann ‚na eibrennt'. Heute ist es eine Rarität. Die letzte in Freyung, die mit dem ‚Ruamkraut' aus dem Holzfaß gehandelt hat, war ‚d'Holländerin': die Frau vom bekannten Holländer Helmut in ihrem Gemüsegeschäft.

Schaufenster vom Gemüsegeschäft Holländer in Freyung 2003. An dem Tag gab es frisches Rübenkraut. *(Foto: Franz Hintermann)*

Schon Anfang der 50er Jahre des 20. Jahrhunderts kam ‚Chemie' zum ‚landwirtschaftlichen Einsatz'. Ich erinnere mich an Ceresan (BASF), ein Quecksilber-Präparat. Es wurde als Präparat gegen Pilzbefall – als Getreide-Beize – eingesetzt, insbesondere bei Weizen.

Die Düngung war noch weitgehend herkömmlich traditionell ausgerichtet. Stroh- und Laubmist und Odl (Jauche) wurden auf die Felder und Wiesen ausgebracht. Erst Mitte der 1960er Jahre kam mit der Schwemmentmistung die Gülle. Und dann folgten auch schon immer mehr der ‚Kunstdunga' Kali, Thomasmehl, Stickstoff und letztendlich der Volldünger – Nitrophoska.

Man hat schon wesentlich nachgeholfen mit dem ‚Stibön' – manchmal nicht nur wegen der Pflanzen und des Ertrags, auch das Prestige war im Spiel.

Zum Thema ‚natürliche Düngung' noch eine kleine Geschichte:

„Es wurde nicht nur die Odl ausgefahren – auch der ‚häusliche Abfall aus der ‚Drume' (Trommel oder Zuber), sozusagen vom ‚Scheißheisl'. Da ‚Groaner' war da sehr emsig und fuhr die übergehende ‚Drume' auf dem hölzernen Schubkarren Richtung Langacker. Auf dem holprigen Feldweg schwappte das Gefährt, kam in den Straßengraben und warf die volle ‚Drume' um. Es war nichts mehr zu retten. Alles im Straßengraben. Er stand kopfschüttelnd vor dem Malheur, rückte den

verhauten Hut nach hinten in den Nacken, riss das Maul auf, sodass auch noch die lange Pfeife in den Dreck fiel und kommentierte das Unheil mit dem Satz: ‚So, jatzt hama wieda a ganz Joah umasunst g'schissn.' "

Feld, Wiesen und Wald wurden noch vor einigen Jahrzehnten mit Gefühl und Erfahrung bewirtschaftet. Die Bauern und die Bewirtschaftung von Grund und Boden waren noch nicht von Satelliten überwacht. Vorgaben der EU und Förderungen spielten im bäuerlichen Leben keine Rolle.

Gemäht wurde bis in die 1960er Jahre nur mit der Sense. Hans Gruber, der Vater von Hanns Gruber, auf dem Heimweg. *(Bild: Karl-Heinz Paulus)*

„Heute kämpft man oft um jeden Quadratmeter, um jedes Dezimal – nur um der europäischen Bürokratie den Nachweis für die Ausgleichszahlungen zu erbringen, die in die Milliarden gehen. Von wegen Brache!

Es gilt aber noch immer der alte Spruch: Leben und leben lassen.

Auch die Natur in allen Spezies, auch den Boden.

Und auch die Bebauung, der Straßenbau und die Solaranlagen sollten einbezogen werden – mag die Klimadiskussion noch so dringend sein. Wohin mit den ausge-

brannten Elementen in 25 Jahren? Dass wir Forschung und Wissenschaft brauchen und dass sie nützlich für den Bestand unseres Planeten sind, ist auch mir klar. Aber wir sollten den normalen Menschenverstand nicht unterschätzen. Er sollte als Regularium für unser Leben und für unsere Lebensweise gelten.

Ich bin kein Wissenschaftler und kein ‚Mühlhiasl'. Aber wer kümmert sich ums ‚Volk', wenn in 50 Jahren ein Großteil unserer Bevölkerung nicht mehr lesen und schreiben kann? Wir sollten wieder buchstabieren und nicht allein global denken.

Ich bin konservativ erzogen und seit 60 Jahren bei der CSU in Bayern, auch ‚vorne' in kommunalpolitischen Gremien. Aber scheinbar – um mit Malermeister Lege aus Freyung zu sprechen – bin ich auch ein wenig ‚resedagrün' angehaucht."

Getreidefeld kurz vor der Ernte. *(Foto: Karl-Heinz Paulus)*

Die seltsame Dreschersuppe

„Im Herbst – meist im Oktober – wurde im ganzen Dorf gedroschen. Der ‚Dampf' vom Mindl Emil ist mir noch gut in Erinnerung. Der ‚Dampf' ist eine Dampfmaschine mit Riemenantrieb, ein ‚Dechentreiter' auf dem eine ‚Büh' (Bühne) mit dem Sackheber dazu gezimmert wurde. Der Dreschwagen wanderte von Ochsen oder

Gruppenbild nach dem Kornschnitt um 1920. *(Bild: Archiv Karl-Heinz Paulus)*

Rössern gezogen von einem Hof zum anderen. Bei den kleineren lief der ‚Dampf' ein oder zwei Tage, bei den größeren Bauern drei oder vier Tage. Und wenn die Körner und ‚Fleihern' an ihren Plätzen waren, dann kam der schöne Teil der Prozedur – die ‚Dreschersupp'm'.

Es gab „Spezielles" zum Essen und eine strenge zeitliche Reihenfolge – nur der Maschinist, der Mindl Emil aus Goggersreut, der hielt sich nicht an diesen Brauch.

‚Eingesagt' wurde auf ‚achte' (20.00 Uhr). Vorher musste man ja daheim noch die ‚Viecher' versorgen und das Waschen – Duschen war noch eine Seltenheit – konnte auch nicht schaden. Man freute sich nach getaner Arbeit nicht nur auf's Essen, sondern auf's ‚Dischgrian', auf's Tanzen mit einem ‚gspoasigen Hamaniespieler', wie dem ‚Kohldobler' oder dem ‚Köberl Sepp' aus Köppenreut. Wenn ‚wos zamganga is, sogar af d'Maschgara'. Wenn getanzt wurde, war es besonders zünftig. Alte Volkstänze, aber auch ‚schmusige' Schlager – und alle tanzten in der großen

Dampfmaschine. *(Foto: Karl-Heinz Paulus)*

Stube ‚seggad'. Auch den ‚Rutsch hi – rutsch her', ‚I bi da Schuasta'gsell', ‚Du muast mit mir in d'Heji' oder den ‚Jägermarsch'. Dabei mussten ‚d'Weiberleid' auf ihre Plätze zurückgetragen werden – oder was eben dem Musikanten oder den ‚Schmatzern' so einfiel. Einem fiel etwas ganz Besonderes ein – nicht unbedingt ‚zan Nochmocha' – dem Mindl Emil, dem Maschinisten, und zwar bevor die ‚ersten Gänge' vorbei waren.

Die ersten Gänge waren ‚a siaß Graut' da und a ‚Griaßko' dort und ‚a Fleischgersten Supp'n'. Erst danach kam erst das ‚Siaße': die ‚Leffeknon', die ‚Strau'm' und die ‚Gropfa mit an Kletznko oder an Zwetschgenpfeffer'. Der Mindl Emil aber kam zu meiner Mutter, zur Bäuerin, und bat sie im Voraus um ‚a Besichtigung des Bochan im Stüwe'. Dort war alles fein geordnet hergerichtet auf langen Brettern, die auf Schragen lagen. Der Emil erklärte meiner Mutter, dass er sich die schönsten und größten Exemplare auf ‚d'Seitn duat', weil er als Maschinist auch die härteste Arbeit zu leisten hatte. Was aber gar nicht stimmte. Also ging er ans Werk. Er nahm von jeder Gattung jeweils drei bis vier Stück, bei den Krapfen ein halbes Dutzend und trug alle in die große Stube. Er legte sie auf die beiden Fensterbretter und ‚spiazte' (spuckte) jedes ‚Objekt' kräftig ab. ‚So', meinte er, ‚i hab's g'scheid o'gspiazt, dass'as nimmer megts.'

Meine Mutter lief rot an. Sie war zornig. ‚Geh Emil, duat ma eid des.' Dann mein Vater zum Maschinisten: ‚Schamst Di goa ned, ha, Du Saubär.'"

In Marchzipf wurde die Dreschersuppe noch bis Anfang der 2000er Jahre gefeiert. *(Fotos: Hannelore Hopfer)*

Drescherlied. Gehört in der Hallertau, aufgeschrieben in der Oberpfalz von Fritz Herrgott, Sulzbach-Rosenberg.

‚S'Dresch'n' in Marchzipf. *(Fotos: Hannelore Hopfer)*

Mehlspeisen

Grießschmarrn

Hat man keine Milch, so kann man dafür in ⅜ Liter kaltem Haferflockenabsud nach Nr. 28 ¼ Liter groben Grieß mit etwas Salz einrühren und läßt es 1 Stunde stehen. Rührt man 1 Ei dann noch dazu, ist er noch besser, aber nicht nötig. In einer Schmarrnpfanne werden 25-30 g Schmalz heiß gemacht, der Grieß hineingeschüttet und mit dem Kochlöffel gerührt, bis er ganz angezogen hat. Dann gibt man noch 10 g Schmalz nach, läßt ihn schön gelb anbacken und dreht ihn mit dem Schäuferl um, erst wenn er schöne Krusten hat. Er eignet sich als Beilage zu Soßen und Gemüse.

Mehlschmarrn ohne Milch

¼ Liter Mehl, Salz und ⅜ Liter ganz kalter Haferflockenabsud nach Nr. 28 werden samt den Flocken und 1 Ei gut zusammen abgequirlt oder fein verrührt. In einer Pfanne werden 30-40 g Fett heiß gemacht, der Teig hineingeschüttet und auf Kohlenfeuer rasch gebacken. Hat er unten eine schöne Farbe, wenn er auch oben noch flüssig ist, so teilt man ihn in der Mitte kreuzweise und dreht je ein Viertel mit dem Schäufelchen um. Erst wenn er auf beiden Seiten schön braun ist, so stößt man ihn mit dem Schäufelchen in Stücke, bis er von allen Seiten eine schöne Farbe hat. Man kann ihn mit Zucker bestreut zu Kompott, aber auch als Beilage zu Soßen geben.

Alle Rezepte aus dem „Sparkochbüchlein“, Ergänzung zum Kochbuch für Drei von H. Lamprecht, Verlag von K. Dienstbier, München, Jahr: unbekannt. *(Foto: Lichtland)*

Mehlspeisen

124. Pfannkuchen.

Genau nach obigem Mehlschmarrn Nr. 123 kann man die Masse zu Pfannkuchen ohne Milch bereiten, wenn dieselbe zu teuer ist, und bäckt sie auf der Pfanne auf beiden Seiten nach Nr. 92.

Pfannkuchen

Genau nach obigem Mehlschmarrn Nr. 123 kann man die Masse zu Pfannkuchen ohne Milch bereiten, wenn dieselbe zu teuer ist, und bäckt sie auf der Pfanne auf beiden Seiten nach Nr. 92.

Gefüllte Pfannkuchen

Dazu bestreicht man die fertigen Pfannkuchen mit Marmelade, rollt sie, legt eine Rolle neben die andere in eine mit Fett bestrichene Bratreine, quirlt ein ganzes Ei mit etwas Haferflockenbrühe ab, übergießt die Pfannkuchen damit und läßt sie im Rohr noch aufziehen.

Haferflockenschmarrn

120 g rohe Haferflocken werden in ⅜ Liter frischem Wasser eingerührt, in der Schüssel 1 Stunde stehen gelassen und öfters umgerührt. In einer Schmarrnpfanne läßt man 30 g Fett heiß werden, schlägt nun erst 1 Ei zu den Haferflocken, salzt sie, rührt sie gut zusammen, schüttet die Masse in das heiße Fett und rührt mit dem Kochlöffel fort, bis es ganz angezogen hat. Man gibt dann noch 10 g Fett nach und dreht ihn mit dem Schäuferl erst um, wenn er schöne Krüstchen hat.

Alle Rezepte aus dem „Sparkochbüchlein", Ergänzung zum Kochbuch für Drei von H. Lamprecht, Verlag von K. Dienstbier, München, Jahr: unbekannt. *(Foto: Karl-Heinz Paulus)*

Mehlspeisen

Gewöhnlicher Hefeteig

Für 2 ℔ Mehl nimmt man 40 gr Hefe läßt sie in lauwarmer Milch mit ein wenig Zucker aufgehen dan rührt in die Mitte des Mehles mit wenig Zugabe von Mehl d. Dampferl an u. läßt es gut aufgehen ungefähr ½ St. Gibt dan 1 ei, 50 g Butter 50 g lauwarme Milch, ½ Handvoll Salz u. soviel lauwarme Milch als nötig ist, je nachdem man ihn zu irgend was verwendet. Zu ausgedrehte Sachen ziemlich fest, zu Nudel u. ähnlichen weicher dan läßt man ihn gehen bis er gut aufgegangen ist. Was ungefähr 1 St. dauert er muß mindestens noch einmal so groß werden u. man verwendet ihn nach Bedarf Sachen auf dem Blech werden vor dem Backen mit Ei bestrichen nicht zu große Hitze.

Besserer Hefeteig

Auf 2 ℔ Mehl nimt man 50 g Hefe 3-5 eier 100 g Zucker ¼ bis 200 g Butter ½ Handvoll Salz Milch nach Bedarf nach Belieben Weinbeeren etwas Zitrone Weinbrand waschen ganz zum Schluß daruntergeben braucht länger zum gehen weil er schwerer ist.

Beide Rezepte aus dem blauen Notizbuch von Therese Gruber (1906–2002) aus Falkenbach.
(Foto Hefezopf: Karl-Heinz Paulus)

Mehlspeisen

Mehlspeisen!

Gewöhnlicher Hefeteig!

Für 2 ℔ Mehl nimt man 40 g Hefe läßt sie in
lauwarmer Milch mit ein wenig Zucker aufgehen
dan rührt in die Mitte des Mehles mit wenig
Zugabe von Mehl d. Dampfl an u. läßt es gut
aufgehen ungefähr ½ Std gibt dan 1 Ei, 50 g Butter
50 g lauwarme Milch, ½ Handvoll Salz u. soviel
lauwarme Milch als nötig ist, je nachdem
man ihn zu irgend was verwendet. Zu ausgebachte
Sachen ziemlich fest, zu Nudel u. ändlichen weicher,
dan läßt man ihn gehen bis er gut aufgegangen ist,
was ungefähr 1 Std dauert er muß mindestens noch
einmal so groß werden u. man verwendet
ihn nach bedarf Sachen auf dem Blech werden vor
dem Backen mit Ei bestrichen nicht zu große Hitze.

Besserer Hefenteig!

Auf 2 ℔ Mehl nimt man 50 g Hefe 3-5 Eier 100 g Zucker
¼ bis 200 g Butter ½ Handvol Salz Milch nach bedarf.

Rezepteinträge im blauen Notizbuch von Therese Gruber (1906–2002) aus Falkenbach.

Mehlspeisen

Dampfnudel

1 ½ Pfund Mehl ganz feines wird mit einem Schoppen lauwarmer Milch u. Hefen ein Dampfl* gemacht dann gehen lassen, dan läßt man 4 gr butter zerschleihen etwas Milch lauwarm u. 2 Eier Salz u. Zucker nach Belieben kommt dan das gegangene Dampfl* gegingen. u. wird dann alles zusammen zu einen festen Teig gemacht u. abermals gehen lassen dan werden mit einen Löffel herausgemacht mit einen Tuch zugedeckt nochmals eine gute halbe Stunde gehen lassen alsdann wird ein flacher Tegel genommen 150 gr. Butter hineingethan u. so viel Milch das der Boden gut bedeckt. Zucker nach Belieben dan werden die Nudel hineingesetzt nicht zu nahe beisammen, daß sie gut Rahmeln bekommen man läßt sie lange kochen bis sie zu prasln anfangen wenn dann brauchen sie nur ganz kurz kochen. NB der Tegel muß öfters gedreht werden damit sie eine gleiche Hitze haben u. gleiche Rahmeln bekomen. Sie müßen bei gleichmässiger Hitze gekocht werden. wenn, dann Anrichten ein klein wenig siedente Milch darüber mit Zucker bestreut zu Tisch. nach Belieben Vanillsosse.

Aus dem Notizbuch Theres Seyerer (geb. 1887), Metzgersgattin aus Jandelsbrunn.

Mehlspeisen

Rohrnudeln

Nachdem man 250 Gramm feines Mehl in eine gewärmte Schüssel gesiebt, macht man nach Nr. 751 *(Anm.: Gewöhnlicher Hefeteig)* mit 20 Gramm Preßhefe ein Dampfel* an und läßt es gehen. Dann läßt man 50 Gramm Butter zerschleichen, sprudelt 1 oder 2 Eidotter mit beiläufig 6 Eßlöffel lauwarmer Milch, 1 Eßlöffel Zucker und 1 kleiner Prise Salz ab, gibt es zu dem gegangenen Dampfel* und dem Mehl und schlägt den Teig wie vorgenannte Dampfnudeln, bis er sich vom Löffel schält. Man läßt den Teig ebenso wie die Dampfnudeln gehen und gibt zuletzt die Nudeln vom Nudelbrett aus in eine Bratpfanne, in welcher man ein großes Stück Butter zerschleichen ließ. Man kehrt die Nudeln darin um, legt sie gleichmäßig nebeneinander, läßt sie mit einem Tuch bedeckt nochmals gehen und bäckt sie dann, bis sie eine schöne braune Kruste haben. Man gibt Dünstobst dazu.

Böhmische Dalken

1 ℔ Mehl, 1 l Milch, 4-8 Eier u. ebensoviel Eiweiß, Salz, etwas Backpulver u. Fett zu backen. Aus den Zutaten wird ein Pfannkuchen Teig hergestellt, zum Schluß den Schnee darüber heben, in Spiegeleierform (gut fetten) 3/4 voll mit Teig einfüllen, während des backens wenden. Zu feinem Gemüse als Beigabe. Sie können aber auch als selbstständiges Gericht gegessen werden.

Rohrnudeln aus dem „Kochbuch für drei und mehr Personen“, H. Lamprecht, Verlag von K. Dienstbier, München, Jahr: unbekannt. Böhmische Dalken aus dem großen Notizbuch von Centa Garhammer, später: Lankes (1913–1978), Zahnarztgattin aus Freyung.

Mehlspeisen

Gries Knödel

Rühre einen halben Vierling Butter, oder frische Fette mit 3 Eiern recht ab. Wenn dies geschehen salze den Butter aber nicht zu stark Rührn unter nur soviel Gries daran, das der Teig fast noch läuft laß ihn eine halbe Stunde stehen damit er anzieht. Mache indessen Fleischbrühe wenn sie bindet lege einen Knödel hinein zur Probe ob sie nicht zerlaufen wenn er nicht zerfahrt, so leg dann aller aber ja nicht kleingeformt hinein, u. lasse sie eine halbe Stunde zugedeckt kochen.

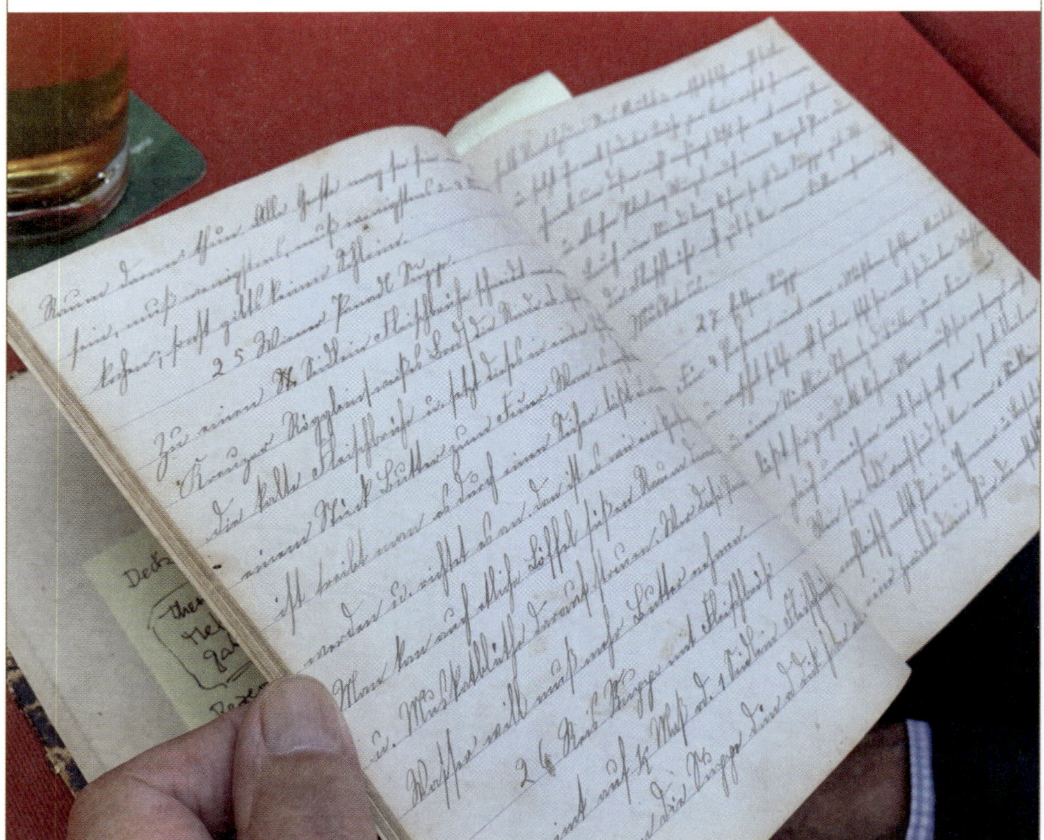

Aus dem Notizbuch Theres Seyerer (geb. 1887), Metzgersgattin aus Jandelsbrunn. *(Foto: Hannelore Hopfer)*

Mehlspeisen

148. Mehl-Pudding.

In 5 Loth zerlassene Butter rühre 8 Loth feinstes Mehl vorsichtig, bis es schäumt; über dem Feuer rühre sodann 1 Schoppen gute Milch daran, bis der Teig dickt. Wenn derselbe erkaltet ist, so rühre ferner darein: 7 Dotter, das abgeriebene Gelbe einer Citrone, Zucker nach Geschmack, zuletzt noch den Schaum der 7 Eiweiß. Die Puddingform wird stark mit Butter bestrichen, mit Muschelmehl bestreut und mit der Masse fünf Viertelstunden lang gesotten.

Anmerk. Um Puddings gut stürzen zu können, wird die Form in kaltes Wasser gestoßen, dann geöffnet und schnell umgestürzt.

Mehl-Pudding

In 5 Loth zerlassene Butter rühre 8 Loth feinstes Mehl vorsichtig, bis es schäumt; über dem Feuer rühre sodann 1 Schoppen gute Milch daran, bis der Teig dickt. Wenn derselbe erkaltet ist, so rühre ferner darein: 7 Dotter, das abgeriebene Gelbe einer Zitrone, Zucker nach Geschmack, zuletzt noch den Schaum der 7 Eiweiß. Die Puddingform wird stark mit Butter bestrichen, mit Muschelmehl bestreut und mit der Masse fünf Viertelstunden lang gesotten.

Anmerk. Um Puddings gut stürzen zu können, wird die Form in kaltes Wasser gestoßen, dann geöffnet und schnell umgestürzt.

Kaiserschmarrn

5 Eier, 80 gr. Zucker, 250 gr. Mehl, ½ lt. Milch, 60 gr. Butter, Salz, Schale einer halben Zitrone, 100 gr. Rosinen, Backfett. Eigelb mit Butter schaumig rühren, nach und nach Mehl abwechselnd mit Milch, zerlassener Butter, Salz u. Zitronenschale hineinmengen. Teig in d. Pfanne mit reichlich Fett geben und backen, nach dem Festwerden mit 2 Gabeln in Stückchen zerreißen, von beiden Seiten goldgelb backen. Mit Zucker bestreut zu Apfelmus oder Kompott reichen.

Mehl-Pudding aus: „Marianne Strüf's vollständiges Kochbuch für alle Stände.", Marianne Strüf, Dr. Becher's Verlag, Stuttgart, 1846. Kaiserschmarrn aus dem großen Notizbuch von Centa Garhammer, später: Lankes (1913–1978), Zahnarztgattin aus Freyung.

Mehlspeisen

670. **Regenwürmer.**

250 Gramm feines Mehl werden auf dem Nudelbrett mit 1 Ei und 1 Dotter, 1 Stückchen zerlassener Butter, etwas lauwarmer Milch und dem nötigen Salz zu einem feinen, nicht zu festen Teig verarbeitet, den man dann 1 Stunde bedeckt ruhen läßt. Dann schneidet man nußgroße Stückchen davon ab, rollt diese mit den Händen zu dünnen, langen Würmchen wie Stricknadeln und läßt sie ½ Stunde auf dem Nudelbrett trocknen. Unterdessen macht man in einem flachen Tiegel einen guten ½ Liter Milch mit 1 Stück Butter kochend, gibt die Würmchen unter fortwährendem Rühren hinein und läßt sie kochen, bis keine Milch mehr vorhanden ist. Dann läßt man in einer Pfanne mit 50 bis 70

Regenwürmer

250 Gramm feines Mehl werden auf dem Nudelbrett mit 1 Ei und 1 Dotter, 1 Stückchen zerlassene Butter, etwas lauwarmer Milch und dem nötigen Salz zu einem feinen, nicht zu festen Teig verarbeitet, den man dann 1 Stunde bedeckt ruhen läßt. Dann schneidet man nußgroße Stückchen davon ab, rollt diese mit den Händen zu dünnen, langen Würmchen wie Stricknadeln und läßt sie ½ Stunde auf dem Nudelbrett trocknen. Unterdessen macht man in einem flachen Tiegel einen guten ½ Liter Milch mit 1 Stück Butter kochend, gibt die Würmchen unter fortwährendem rühren hinein und läßt sie kochen, bis keine Milch mehr vorhanden ist. Dann läßt man in einer Pfanne mit 50 bis 70 Gramm Butterschmalz 2 Löffel Zucker braun werden, gibt die Würmer hinein und läßt sie, ohne sie umzuwenden, eine schöne, gelbe Kruste bekommen, die man beim Anrichten mit dem Schäufelchen loslößt und auf die Nudeln gibt. In teurer Zeit nur 1 Ei.

Windnudeln

45 Gramm Butter werden mit ¼ Liter Wasser, einer Messerspitze Salz in einer Pfanne aufgekocht, dann schüttet man schnell 70 Gramm Mehl hinein und rührt es so lange am Feuer, bis der Teig sich von der Pfanne löst. Nun stellt man ihn vom Feuer, gibt, wenn er fast ausgekühlt ist, 2 Eier und 25 Gramm Zucker dazu, rührt ihn gut ab, und setzt davon auf ein mit Butter bestrichenes und mit Mehl bestäubtes Blech mit einem Eßlöffel kleine runde Häufchen und bäckt sie bei guter Hitze im Bratrohr. Man öffnet das Rohr 20 Minuten nicht, sonst fallen die Nudeln zusammen. Nach Belieben kann man den Kopf abschneiden, wenn sie kalt sind und sie mit Schlagrahm oder Marmelade füllen.

Beide Rezepte aus dem „Kochbuch für drei und mehr Personen", H. Lamprecht, Verlag von K. Dienstbier, München, Jahr: unbekannt.

Mehlspeisen

Ramstrudel

Von 1 Ei wird ein Nudelteig gemacht, gut abgematscht in Stücke geschnitten aus denen man mittels Walzer ungefähr tellergroße Flecke walzt dies dann mit zerlaufenen Butter u. saueren Rahm bestrichen, Semelbrösel in Butter geröstet mit einer Handvoll gewaschenen Weinbeeren dieses dann auf den bestrichenen Fleck vertheilt dann zusammen gerollt in ein mit Butter ausgeschmiertes Blech gelegt ziemlich viel Zucker auch noch kleine Stück Schmalz darauf gelegt u. siedente Milch ungefähr ½ Maß darüber gegossen so daß der Strudl bedekt u. dann wird er im Rohr bei mäßiger Hitze gebacken ¼ Stund vor den Anrichten noch ein wenig Milch darübergegossen damit er saftiger bleibt.

Rezept Ramstrudel aus dem Notizbuch Theres Seyerer (geb. 1887), Metzgersgattin aus Jandelsbrunn. *(Foto Apfelstrudel: Karl-Heinz Paulus)*

Unser tägliches Brot gib uns heute.

Das Brot wurde bis in die 1970er Jahre nur alle 3 bis 4 Wochen gebacken. Dann allerdings bis zu 36 Laibe. Es hat dafür einen extra Brotschrank gegeben, den „Brotkasten". Die Laibe sind darin nicht gelegen, sondern wurden aufgestellt. Das Brot musste im Brotrahmen atmen können. Je nach der Zahl der Dienstboten hat ein Laib Brot eine halbe bis eine ganze Woche gereicht. In der Woche nach dem Backen wurde mehr Brot verbraucht als nach 14 Tagen, weil das Brot in der ersten Woche noch frisch geschmeckt hat. Nach zwei Wochen war es schon ziemlich trocken.

Später haben die Pensionsgäste am Danibauer-Hof der Mutter von Hanns Gruber gerne beim Brotbacken geholfen. (Foto: Archiv Familie Gruber)

Brotbacken hat nicht nach einem Rezept funktioniert. Deswegen ist in den Kochbüchern kein Rezept für Sauerteigbrot zu finden.

Therese Gruber hat nach Augenmaß gebacken. Sie hat genau gewusst wie viel Mehl, Wasser und gelegentlich auch Milch (für das „Woazene") für das Brot benötigt wurde. In der Regel war das Brot aus „Korn" – also aus Roggen, genau genommen aus Winterkorn. Das war ausgereifter als das Sommerkorn. Das Winterkorn wurde bereits im Herbst ausgesät, die Samen blieben über den Winter auf dem Feld liegen und im Sommer wurde es geerntet. Das Sommerkorn wurde erst im März oder April gesät. Die Körner des Sommerkorns waren kleiner und dünnschaliger. Es ist meistens verfüttert worden, weil es für die Mühle nicht geeignet war.

Das Brot

Sauerteig

Der „Sauerteig" war der Rest der letzten ‚Bäck'. Man hat den Restteig ‚gefoafelt', in einem Leinensack über dem Ofen aufgehängt und getrocknet. ‚Gefoafelt' bedeutet, den Teig zerbröseln und mit Mehl bestäuben. Vorm nächsten Backen wurde dieses sogenannte ‚Ura' mit Wasser angesetzt. Es musste eine Nacht stehen bleiben und am nächsten Tag in aller Frühe wurde es in gegärtem Zustand im Backtrog in einer Mehlmulde dem neuen Teig beigemischt.

Man brauchte Roggenmehl, Wasser, Gewürze, Salz, Kümmel, ‚Fenichel' – zum Teil auch Anis. Die Mischung wurde zweimal geknetet und stehen gelassen. Erst beim dritten Mal wurde es ‚außabocha'. Die Teigkugeln mussten davor in den Backkörben noch einmal gehen. Im Backofen blieb das Brot zwei bis drei Stunden. Dann wurde es noch einmal mit der Holzschaufel „umgeschossen". Dabei hat man es aus dem Ofen genommen und mit Wasser abgewaschen. Wenn man sich diese Arbeit gespart hat, hat es das Brot „zerrissen".

Aus der Erinnerung aufgeschrieben von Hanns Gruber. (Fotos: Karl-Heinz Paulus)

6.

Alte Partituren.

"Lieder aus der Küche" von Hartmann Goertz, Ehrenwirth Verlag München, 1960.
(Foto: Fotostudio Eder)

Musik in der Küche wird heute gestreamt, kommt vom iPad, aus dem Radio oder aus dem TV-Gerät. Sie ist Berieselung und Ablenkung. Radio- und Fernsehprogramme bringen während des Kochens Nachrichten aus der ganzen Welt ins Haus. Wahlweise eine Kochshow, einen Podcast, Kinderfilme zur Ablenkung der Kleinen. Wir sind überall und nicht immer da, wo wir gerade sind.

Ablenkung vom Kochen ist scheinbar zeitlos. Zwiebelschneiden, Teigkneten und Rühren verlangen offenbar danach.

Früher war die Ablenkung allerdings so hausgemacht wie das Essen. Liebe und Jahreszeiten die Themen – heute wie gestern.

Gesungen hat die Mutter von Hanns Gruber:

„Alte Rezepte und Partituren haben zusammengehört. Die ‚auswendige Erinnerung' bleibt mir bei so manchem Rezept hängen. Unsere Mutter hat uns oft Lieder vorgesungen wie das ‚Von der holden Gärtnerin', oder ‚Traurig tönt das Abendglöcklein' und eine Melodie ‚Vom Mann, der in seine Heimat reisen wollte'. Das waren alte Küchenlieder, die in der Bauernstube oder in den Bürgerhäusern vom Gesinde gesungen und so auch weitergegeben wurden.

Hartmann Goertz schreibt in seinem Nachwort zu dem Buch ‚Lieder aus der Küche' – ich zitiere:

‚Es war einmal eine Zeit, da gab es noch kein Radio und keinen Film. Nur die ersten Grammophone krächzten aus bunten Blechtrichtern. Die Menschen aber hörten viel lieber dem Leiermann zu. Sie hatten noch Zeit und freuten sich, wenn er auf der Straße oder unten im Hof seinen Leierkasten drehte. Zu uns kam er immer am Mittwoch. Das stand so fest wie das Teppichklopfen am Freitag.

Die Teppiche klopften die Dienstmädchen, die heute ganz anders heißen. Sie kannten alle Lieder, die der Leiermann spielte, und noch viele mehr, und sie sangen – auf dem Hof, in den Zimmern und vor allem in der Küche.

Die Erwachsenen machten sich lustig über diese Lieder, die viele Strophen hatten und meist sehr traurig klangen.

Wir Kinder aber hörten zu.

In den 1980er Jahren bauten Hanns und Eva Gruber den Hof zur Gastwirtschaft um. Die Musik durfte hier natürlich nicht fehlen. Die Aufnahme zeigt die gleiche Perspektive wie auf dem Bild auf Seite 2. *(Bild: Karl-Heinz Paulus)*

Das ist nun lange her, und halb vergessen lagen Strophen und Melodien in der Erinnerung. Der Wunsch sie wieder zu hören, ist nie vergangen.
Manche von ihnen stammen noch aus der Goethezeit. Die Melodien wechselten und veränderten sich. Alle aber haben diesen unvergesslichen schmerzlichen und wehmütigen Ton.

Xaver Stumvoll aus Freyung und Karl Werbick aus Kumreut, ca. 1970. *(Bild: Archiv Familie Gruber)*

In Freyung ist ein Drehorgelbauer namens Max Graf nachgewiesen. Noch in den Sechziger- und Siebziger-Jahren des 20. Jahrhunderts habe ich selbst viele dieser Lieder ‚miterlebt'. Der ‚Jogl Hans' und der ‚Heisn Otto' haben sie im Gasthaus Marchzipf am Sonntagnachmittag, vom ‚Kohldobler Sepp' auf der ‚Zugharmonie' begleitet, in Gesellschaft gesungen.

Großteils könnte ich noch heute nachsingen."

Küchenlieder

Mariechen

Mariechen saß weinend im Garten,
im Grase, da schlummert ihr Kind.
Durch ihre schwarzbraunen Locken
spielt säuselnd der Abendwind.
Sie war so müd und traurig,
so ernst und geisterbleich,
dunkle Wolken zogen schaurig,
und Wellen schlug der Teich.

Ein Geier flog stolz durch die Lüfte,
schon zog sich die Möve einher,
schon weht der Wind durch die Blätter,
schon fallen die Tropfen schwer.
Schwer von Mariechens Wangen
eine heiße Träne rinnt,
sie schließt in ihre Arme
ihr kleines verlassenes Kind.

Dein Vater lebt lustig in Freuden,
Gott laß es ihm wohl ergehn,
er denkt nicht mehr an uns beide,
will dich und mich nicht sehn.
Drum wollen wir uns stürzen
hinab in die tiefe See,
dort sind wir beide geborgen
vor Kummer, Leid und Weh.

Das Kind erhebt seine Augen
zur Mutter auf und ab,
die Mutter drückts an ihr Herz
und spricht mit zarter Kraft:
Nein, nein, wir wollen leben,
wir beide, du und ich,
deinem Vater sei alles vergeben,
so glücklich machst du mich.

Aus: „Lieder aus der Küche", Hartmann Goertz, Ehrenwirth Verlag München, 1960.

Küchenlieder

Luise am Blumenbeete

Drunten im Tal, wo der Ostwind wehte,
da stand Luise am Blumenbeete.
Da stand eine Blume, so weiß wie Schnee,
ja Schnee. So eine Blume

Ich wollte sie pflücken aus Herzenslust,
ich wollte sie drücken an meine Brust.
Da sprach die Blume: Verschone mich, ja mich,
ich blüh am Morgen viel schöner noch für dich.

Am anderen Morgen bei Tagesgrauen,
da ging Luise, die Blume zu schaun.
Da stand die Blume so blätterleer, ja leer:
Ich habe geblüht und blühe jetzt nicht mehr.

Hab auch geliebt, hab auch genossen,
die schönsten Tage, sie sind verflossen.
Kann nicht mehr lieben, kann nicht mehr glücklich sein,
die schönste Blume, sie heißt Vergißnichtmein.

Aus: „Lieder aus der Küche", Hartmann Goertz, Ehrenwirth Verlag München, 1960. *(Foto: Lichtland)*

Küchenlieder

Der Graf und seine Magd

Es schlief ein Graf bei seiner Magd,
bis an den frühen Morgen,
er liebte sie nur eine Nacht
das machte ihr viel Sorgen.
Doch als der helle Tag anbrach,
und alle Menschen wurden wach,
da fing sie an zu weinen,
da fing sie an zu weinen.

Herr Graf, Sie haben mich entehrt
und werden mich verlassen,
ich bin ein armes Mädchen nur,
und werden mich dann hassen.
Und trag ichs Kind unter meiner Brust,
auch unter meinem Herzen,
dann habe ich viel Schmerzen,
dann habe ich viel Schmerzen.

Oh, höre zu, mein liebes Kind,
deine Mutter wird dich pflegen,
hier hast du Geld und geh nach Haus,
das andere wird sich legen.
Ich rufe dich dann wieder her,
denn mein Herz hat nach dir Begehr,
nun hör schon auf zu weinen,
ach, höre auf zu weinen.

Herr Graf, nun lassen Sie mich gehn,
ich schäm mich sehr vor Ihnen,
ich geh zu meinem Mütterlein,
Herr Graf, mir wird ganz übel.
Sie rannte schnell von ihm hinaus,
doch Mütterlein war nicht zu Haus,
wo ist sie nur geblieben?
Wo ist sie nur geblieben?

Sie suchte dich die ganze Nacht,
früh fand man sie im Teiche,
ihr Herz zerbrach vor Ärgernis,
nun ist sie eine Leiche.
Sie ruht im Frieden dort im Grab,
weil du sie nachts verlassen hast.
Was hast du nachts getrieben?
Wo warst du nur geblieben?

Der Graf, der Graf rief mich zu sich,
und hört, was der mir bot:
Ins Bett mußt ich zu ihm allein,
ich trag die Schuld an ihrem Tod.
Ach, Mütterlein, ich muß zu dir,
ins kalte Wasser spring ich hier,
ade, ihr lieben Leute,
ich war des Grafen Beute.

Wo mag nur dieses Mädchen sein?
irrt nun der Graf umher allein.
Nach Wochen fand man sie im Teich.
Hier wurde ihm das Herze weich.
Das Schicksal faßte seine Händ,
die Kugel brachte ihm das End.
Für immer schloß das Aug sich zu,
das Grab, es brachte ihm die Ruh.

Aus: „Lieder aus der Küche“, Hartmann Goertz, Ehrenwirth Verlag München, 1960.

Küchenlieder

Ein Mädchen voller Güte

Sie war ein Mädchen voller Güte
und naschen tat sie auch sehr gern,
bekam so manche Zuckertüte
von einem hübschen jungen Herrn:
Da rief sie Heimat, süße Heimat,
wann werden wir uns wiedersehn.

Heimat, süße Heimat, wann
werden wir uns wiedersehn.

Da kam der Leutnant von der Garde
und lud sie ein zum Maskenball:
Bei uns ist heute Maskerade,
und du sollst meine Tänzrin sein.
Da rief sie Heimat, süße Heimat,
wann werden wir uns wiedersehn.

Vom vielen Tanzen ward sie müde,
sie legt sich nieder auf ein Bett,
da kam der Leutnant von der Garde
und raubte ihr die Unschuld weg.
Da rief sie Heimat, süße Heimat,
wann werden wir uns wiedersehn.

In Stücke wollte sie sich reißen,
ins tiefe Wasser wollt sie gehn.
Jedoch der Rhein war zugefroren,
und keine Öffnung war zu sehn.
Da rief sie Heimat, süße Heimat,
wann werden wir uns wiedersehn.

Da kam der Leutnant von der Garde
und sprach zu ihr: Mein liebes Kind,
mit dem Ertrinken mußt du warten,
bis daß die Wasser offen sind.
Da rief sie Heimat, süße Heimat;
wann werden wir uns wiedersehn.

Nun hat sie all ihr Glück verloren,
nun ging sie heim ins Vaterland,
dort hat sie dann das Kind geboren,
den Vater hat es nie gekannt.
Da rief sie Heimat, süße Heimat,
wann werden wir uns wiedersehn.

Aus: „Lieder aus der Küche“, Hartmann Goertz, Ehrenwirth Verlag München, 1960. *(Foto: Lichtland)*

Küchenlieder

Lina

Lina war ein schönes Mädchen,
schön war die Gestalt.
Doch viel schöner war der Jüngling,
den sie einst erkannt.

Und er hat ihr Treu geschworen,
doch der Schwur war falsch,
Lina hat ein Kind geboren,
und sie starb daran.

Und man wickelt sie in Leinen,
trug zum Friedhof hin.
Und der Jüngling stand von ferne,
sah nicht einmal hin.

Drum ihr Mädchen, laßt euch sagen,
traut den Männern nicht,
denn sie wolln euch nur verführen,
weiter wollen sie nichts.

Aus: „Lieder aus der Küche", Hartmann Goertz, Ehrenwirth Verlag München, 1960. *(Foto: Karl-Heinz Paulus)*

Küchenlieder

Das Medaillon

Es wollt ein Mann in seine Heimat reisen,
er sehnte sich nach seinem Weib und Kind.
Da mußt er einen tiefen Wald durchreisen,
als plötzlich ihn ein Räuber überfiel.

Gib mir dein Geld, dein Leben ist verloren,
gib mir dein Geld, dein Leben ist dahin,
gib mir dein Geld, sonst muß ich dich durchbohren,
das sage ich, so wahr ich Räuber bin.

Ich hab kein Geld, kann leider dir nichts geben.
Willst du mein Leben, nimms und fühle deine Luft,
willst du es haben, ich will es dir geben,
ich öffne dir von selber meine Brust.

Und wenn du Geld, ach Geld hättest so vieles,
nein, dich zu morden hab ich keine Lust.
Denn ach, ja ach, was muß ich bei dir sehen,
was trägst du da auf deiner bloßen Brust?

Was trägst du da um deinen Hals gebunden,
es glänzt wie Gold und weiße Stickerei?
Das ist das Bild von meiner treuen Mutter,
die ich geliebt in alle Ewigkeit.

Da fiel der Räuber plötzlich vor ihm nieder:
Verzeih, verzeih, daß ich dein Bruder bin.
Zwölf Jahre sinds, seit wir uns nicht gesehen,
und nun muß ich als Räuber vor dir stehn.

Zwölf Jahre haben wir uns nicht gesehen.
In diesen Wäldern trieb ich mich umher.
Als Räuber mußte ich dich wiedersehen, –
komm, laß uns reisen übers weite Meer.

Aus: „Lieder aus der Küche", Hartmann Goertz, Ehrenwirth Verlag München, 1960.

Auf dem Friedhof

Ich ging einmal für mich allein
in einen kleinen Friedhof rein.
Da lag an eines Grabes Rand
ein Totenkopf, ich sah ihn an.

Nahm ehrfurchtsvoll ihn in die Hand,
wo ich dabei sehr viel empfand.
Ich lispelte ein leises Ach, –
und dachte über manches nach.

Wer magst du wohl gewesen sein,
als du noch warest Fleisch und Bein?
Warst du vielleicht ein böser Wicht,
von dem die Welt nichts Gutes spricht?

Warst du vielleicht ein reicher Mann,
hast armen Leuten Guts getan?
Bedenk ichs schier, bedenk ichs schier,
ich bin doch nicht dein Richter hier.

Aus: „Lieder aus der Küche", Hartmann Goertz, Ehrenwirth Verlag München, 1960.

7.

Der Sonntagsbraten und s‘Gwand.

Der alte Stammtisch im Gasthaus Streifinger war am Sonntagnachmittag immer im ‚Feiertag-Nachmittag-Gwand‘ vertreten. Mit dabei waren Max Kobler aus Köppenreut, Karl Jungbauer aus Kumreut (‚Groaner Karl‘), Alois Zillner aus Falkenbach, N. Deutschle vom Carbidwerk, Johann Gruber aus Falkenbach (mein Großvater, der ‚Danibauer‘) und Franziska Streifinger aus Marchzipf (d‘Moawirtin‘).“
(Bild: Archiv Familie Gruber, Repro: Fotostudio Eder)

Jeans passen heute immer. Beim Stammtisch im Wirtshaus, in der Küche, beim Spazierengehen und sogar bei der „Dreschersuppe". Strenge Kleidervorschriften gibt es nicht mehr. Seit die Kleidung in der zweiten Hälfte des 20. Jahrhunderts zwischen Haute Couture, Massenproduktion und Protest pendelte, darf fast jeder fast alles tragen – manchmal trotzdem von kritischen Seitenblicken begleitet.

Im Falkenbach von Hanns Grubers Kindheit war das noch anders. Da war Kleidung eine Anschaffung für Jahrzehnte und die Kleiderordnung vorgegeben. Allerdings war es nicht immer sicher, dass die Männer das Mittagessen zu Hause erlebt haben.

O-Ton Hanns Gruber: Zu Sonntagsessen zu Hause und flüssigem Essen am Moazipf...

„Was die alten Bauern so angezogen haben, war gar nicht so einfach zum Auseinanderhalten. Ich erinnere mich gut an meinen Großvater, den Vater und an meinen Vetter, den ‚Gruwaboidl' und seine ‚Res', meine ‚Dafdon' (Taufpatin).

‚Bei de Mannerleid' gab es in der Kleiderhierarchie von einem zum anderen Unterschiede:

Da war das schwarze Festgewand mit dem weißen Hemd, nur mit Gilee (Weste oder ‚Leiwe'), und einer Sackuhr mit großgliedriger Kette und Talern, Tieren oder silbernen Blumen dran. Dazu ein helles, seidenes Halstuch – gebunden wie ein kurzer Selbstbinder. Ganz früher auch einmal ein Stehkragen mit ‚Schmieserl', ein schwarzer Rock mit gestreiftem Seidenfutter und der schwarze ‚Scheerbeickl-Hut' (Hut aus Maulwurfsfell) mit einem breiten, schwarzen Seidenband. Im filigranen, goldenen Stempel des Hutes ist zu lesen ‚Brüder Böhm Wien'. Ein kleiner Stempel im ledernen Hutband verrät die Jahreszahl 1848.

Mein rothaariger Vetter, der ‚Gruwaboidl', trug zu seinem Festgewand eine schwere, goldene Uhrkette mit ‚Rindviechern' dran: Ochsen, Kühe und ein Stier, denn er war ein ganz ‚hinteregschniena Viechhandler'.

Zum ‚Feiertag-Namittog-Gwand' ist nicht so viel zu sagen. Normal war eine leichtere ‚Qualität' sowohl bei der Hose, als auch beim Rock. Oft ist es gar nicht zum Einsatz gekommen. Denn die meisten sind gar nicht erst zum Mittagessen heimgekommen. Sie ‚ham zerst überzogen', ‚dann hat sich's nicht mehr rentiert' und dann, dann hat man ‚umdisponiert' und ein anderes Wirtshaus aufgesucht. Auch das hatte Tradition.

Die Falkenbacher, die Köppenreuter und sogar die Aigenstadler und die Kumreuter trafen sich ‚wie ausgemacht' in Marchzipf beim ‚Moawirt Schos'. Sie hatten noch das ‚Kirchagwand' an.

‚Zwei Paar Stiefel' waren das ‚Oawadsgwand' und das ‚Stoigwand'. Das ‚Stoigwand' war für den ‚Weada' (Werktag) draußen am Felde, auf den Wiesen oder im Wald nicht so praktisch. Meine Mutter wusste warum: ‚Da freß'n die d'Floing und d'Breman zam'.

Die alte Fotografie (um 1960) zeigt, dass das ‚Feiertagsnamittog-Gwand' noch lange getragen wurde. Ich habe die Fotografie irgendwann vom ‚Moawirt Schosi' zugeschanzt bekommen, offenbar wegen meines Großvaters auf dem Bild. Ich habe alle noch persönlich gekannt. Es waren nur ‚Manner' – die alte Wirtin, die ‚Graf Zenz' ausgenommen, die sich in diesem Kreis aber standhaft behaupten konnte. Ihr Kommentar nach jeder ‚Hoiwe': ‚Trink aus die Noagal, i schenk da ei na a Heiwal'.

An einem schönen Sonntag hatte sich auch der alte ‚Bocha' aus Köppenreut beim ‚Moawirt' am Stammtisch ‚etabliert'. Nach drei, vier oder noch mehr ‚Hoiwe' fing er gern das ‚Fretten' an und wechselte auch gern seinen Sitzplatz. Solange bis er draußen saß bei den ‚Alten' an der Hausmauer. Seine erste ‚Ansprach':

‚Zenz, dua her na a Hoiwe'. Sie: ‚Nix mehr, weist eh scha an Rausch host.'

Er: ‚Wos han i, dir gib es glei. I bi spiaglniachtern.' Sie: ‚Nix mehr, schau daß'd hoamkimmst. Host eh ned weit.'

Die Zwiesprach ging so eine Zeit lang hin und her. Der ‚Bocha' wurde sichtbar langsamer und ‚gnaukte' am Tisch ganz langsam ein. Ein ‚Renner' brachte ihn quasi ‚aschlings' wieder an den Tisch. Er blinzelte Richtung Straße, stand auf und bewegte sich zum ‚Drizipf'.

Auf halbem Weg drehte sich der ‚Bocha' noch einmal ganz gemächlich um – den Blick in Richtung der alten ‚Moawirtin' – seine rechte Faust drohend in der Höh' und versuchte mit bieriger Stimme laut zu ‚brumpf'n'. ‚Du oids Mistviech. Host mi drugga sitzn lossn. Woaßt wos dia keahrat: A junge Daum auf's Gnach afebundn, dass die da Geier darennat!' "

Sonntagsessen

Hamelschlägel nach Wildpretart

Man nehme einen abgelegenen Hamelschlägel, thue ihn ganz abhäuten und alles Fett recht sauber wegspicken, ihn gut auf der oberen Seite wie Wildpret als dann wasche in gut und thue ihn stark einsalzen pfeffern lege in einen sauberen Ram beitze in gut mit Essig Zitronenscheiben Wachholderbeeren Zwiebeln. Pfeffer in ganzen, Nelken, Cadamon Sellerie gelbe Rüben u. lasse in 5-6 Tage öfters umgewendet in der Beitze liegen dann zum Gebrauch genommen. In einer Bratreine im Ofenrohr wie ein Wildpretbraten, mit Butter und etwas Zucker recht oft übergießen schon kurz gehen lassen dann mit Mehl stäuben etwas Suppe und saueren Rahm und so eine schmackhafte Soße zu bereiten, dazu gibt man kleine Kartoffel.

Rezept aus dem Notizbuch von Theres Seyerer (geb. 1887), Metzgersgattin aus Jandelsbrunn.
(Foto: Karl-Heinz Paulus)

Sonntagsessen

91. Ente, gedünstete.

Die Ente wird in Stellung gebracht, reinlich ausgewaschen, mit Salz, Pfeffer und Nelken eingerieben, ein Petersilienlaub, eine halbe Zwiebel, ein Citronenrädchen, ein wenig Thymian und ein Stückchen Speck ihr in die Bauchhöhle gelegt und sie selbst in einer Kasserole mit Butter gelb gedünstet. Ist sie so weit, alsdann gieße das Fett ab, stell dieses bei Seite, gieße dafür einen Theil Wasser und einen halben Theil Wein zu, bis die Flüssigkeit über die Ente geht, und laß sie darin weich kochen. Indessen verfertige ein Hachis aus der Leber und dem Magen der Ente, aus Morcheln, Zwiebeln, einem Stückchen grünen Speck, Citronenmark und Kapern, würze dieses mit Salz und Nelken, dünste es eine halbe Viertelstunde in dem abgegossenen Entenfett und gib es an die Entenbrühe, wenn sie bis auf ein Drittel eingekocht ist. (Ich setze voraus, daß die Ente jung, und also auch weich sein muß, wenn ihre Brühe so eingekocht ist.) Sobald das Hachis zu einer dicklichen leckern Sauce eingekocht ist, gib die Ente in ihr zu Tisch.

Ente, gedünstete.

Die Ente wird in Stellung gebracht, reinlich ausgewaschen, mit Salz, Pfeffer und Nelken eingerieben, ein Petersilienlaub, eine halbe Zwiebel, ein Zitronenrädchen, ein wenig Thymian und ein Stücken Speck ihr in die Bauchhöhle gelegt und sie selbst in einer Kasserole mit Butter gelb gedünstet. Ist sie so weit, alsdann gieße das Fett ab, stell dieses bei Seite, gieße dafür einen Theil Wasser und einen halben Theil Wein zu, bis die Flüssigkeit über die Ente geht, und laß sie darin weich kochen. Indessen verfertige ein Hachis* aus der Leber und dem Magen der Ente, aus Morcheln, Zwiebeln, einem Stückchen grünen Speck, Zitronenmark und Kapern, würze dieses mit Salz und Nelken, dünste es eine halbe Viertelstunde in dem abgegossenen Entenfett und gib es an die Entenbrühe, wenn sie bis auf ein Drittel eingekocht ist. (Ich setze voraus, daß die Ente jung, und also auch weich sein muß, wenn ihre Brühe so eingekocht ist.) Sobald das Hachis zu einer dicklichen leckeren Sauce eingekocht ist, gib die Ente in ihr zu Tisch.

Rezept aus: „Marianne Strüf's vollständiges Kochbuch für alle Stände.", Marianne Strüf, Dr. Becher's Verlag, Stuttgart, 1846.

Sonntagsessen

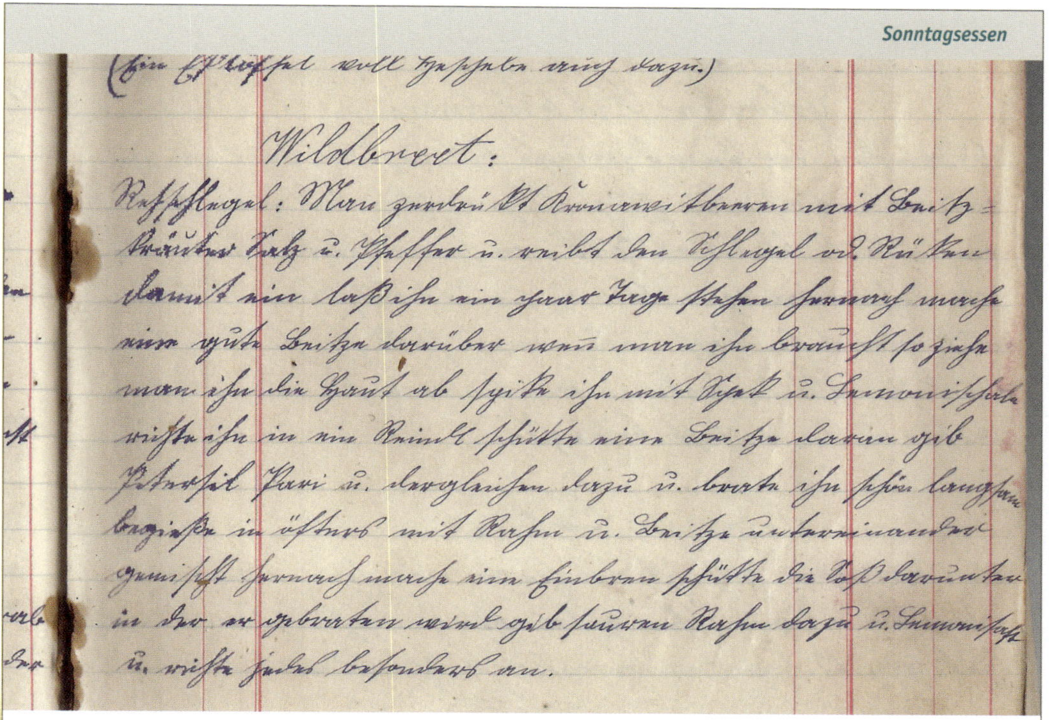

Rehschlegel

Man zerdrückt Kronawittenbeeren mit Beitzkräuter Salz und Pfeffer und reibt den Schlegel od. Rücken damit ein laß ihn ein paar Tage stehen hernach mache eine gute Beitze darüber wen man ihn braucht so ziehe man ihn die Haut ab spike ihn mit Speck u. Lemonenschale richte ihn in ein Reindl schütte eine Beitze daran gib Petersil Pori* u. dergleichen dazu u. brate ihn schön langsam, begieße ihn öfters mit Rahm u. Beitze untereinander gemischt hernach mache eine Einbrenn schütte die Soß darunter in der er gebraten wird gib sauren Rahm dazu Lemonensaft u. richte jedes besonders an.

Rezept aus: Notizbuch ohne Deckel von Therese Gruber (1906–2002), aus Falkenbach.

Sonntagsessen

Semmelknödel

200 Gramm gestrige Weißbrötchen werden feinblättrig geschnitten, mit etwas heißer Butter oder Schmalz, in welchem 1 Eßlöffel feingewiegter Zwiebel und Petersilie kurz abgedünstet wurde, übergossen, zugedeckt, geschüttelt und so ¼ Stunde stehen gelassen, dann befeuchtet man sie mit nicht ganz ¼ Liter Milch, sie dürfen ja nicht zu naß sein, und läßt sie nun wieder 1 Stunde stehen. Dann werden 2 Eier gut verrührt, das nötige Salz dazu gemengt und ¼ Stunde vor dem Sieden feste Knödel mit in Wasser getauchten Händen geformt und dann in Salzwasser ¼ Stunde gekocht. Sind sie zu weich, so gibt man etwas Mehr dazu.

Kleine feine Kartoffel Knödel

200 gr. Kartoffel welche Tags zuvor gesotten wurden müssen, 200 gr. Butter, 4-5 Eier, Salz u. Muskatnuß von 1 Semmel die Brösl der wird pflaumig gerührt dann 1 Ei mit Kartoffel gut verrührt 3 so bis alles drinnen ist ¼ Stunde anziehen lassen in siedendes Wasser geschlagen u. in guter Schiesuppe zu Tisch.*

Rezept Semmelknödel aus dem „Kochbuch für drei und mehr Personen", H. Lamprecht, Verlag von K. Dienstbier, München, Jahr: unbekannt. Rezept Kleine feine Kartoffel Knödel aus dem Notizbuch von Theres Seyerer (geb. 1887), Metzgersgattin aus Jandelsbrunn. *(Foto: Karl-Heinz Paulus)*

Sonntagsessen

Schweinebraten

Man reibt einen Schlegel, eine Lende oder ein Rippenstück gut mit Salz und Pfeffer oder nach Belieben auch mit etwas Knoblauch und Kümmel ein und läßt dies Stück ein paar Stunden liegen. Dann gibt man es mit etwas Wasser, 1 kleinen Zwiebel und etwas harter Brotrinde in der Bratpfanne in das Bratrohr und begießt es fleißig. Ein Schlegel braucht ungefähr 2 bis 3 Stunden. Wird er mit der Schwarte gebraten, so wird die Hautseite gegen unten in die Bratpfanne gelegt und mit heißem Wasser zugesetzt, und, wenn die Haut weichgekocht ist, umgekehrt und mit einem scharfen Messer in kleiner Entfernung grobwürflig eingeschnitten und bei fleißigem Begießen lichtbraun und rösch gebraten.
Man kann Salat, gedünstetes Sauerkraut, weiße Rüben und Erbsen- oder Kartoffelbrei, auch Dünstobst dazugeben.

Beide Rezepte aus dem „Kochbuch für drei und mehr Personen", H. Lamprecht, Verlag von K. Dienstbier, München, Jahr: unbekannt. *(Foto: Karl-Heinz Paulus)*

Sonntagsessen

3. Eine gemästete Gans

wird mit Vortheil nur in der Kasserole bereitet wegen des Fettes, das erst auskochen muß, ehe der Braten Farbe bekommen darf. Eine untere Kaffeetasse fülle, einen Daumenbreit weniger als ganz voll, mit einer Mischung Salz, Pfeffer und Nelken an. Die zwei letzten Dinge natürlich wenig. Reibe nach innen und außen den Braten tüchtig damit ein, und fülle die Bauchhöhle entweder mit drei ganzen ungeschälten, mit Nelken bespickten Aepfeln, oder mit zwei ganzen ebenfalls mit Nelken bespickten Zwiebeln, oder mit abgesottenen Kastanien, mit feingehäckelter Zwiebel, Salz und Nelken vermischt, oder mit kleinen, rothen, geschälten Kartoffeln und einer ganzen Zwiebel an. Den Schnitt der Bauchhöhle nähe alsdann zu, lege den Braten in die Gänsekasserole, fülle Wasser darein, bis dieses über ihn geht, und bedecke sie mit einem Kohlendeckel. Zwei Stunden lang muß der Braten auf diese Art kochen; wäre die Gans alt, noch eine Stunde länger; alsdann gieße das ausgekochte Fett ab und dünste nach und nach den Braten gelb, und zuletzt brate ihn schön incrustirt. Vergiß nicht den Faden auszuziehen, ehe er auf den Tisch kommt; in einer Saucière gib die Brühe.

Eine gemäßtete Gans

wird mit Vortheil nur in der Kasserole bereitet wegen des Fettes, das erst auskochen muß, ehe der Braten Farbe bekommen darf. Eine untere Kaffeetasse fülle, einen Daumenbreit weniger als ganz voll, mit einer Mischung Salz, Pfeffer und Nelken an. Die zwei letzten Dinge natürlich wenig. Reibe nach innen und außen den Braten tüchtig damit ein, und fülle die Bauchhöhle entweder mit drei ganzen ungeschälten, mit Nelken bespickten Aepfeln, oder mit zwei ganzen ebenfalls mit Nelken bespickten Zwiebeln, oder mit abgesottenen Kastanien, mit feingehäckelter Zwiebel, Salz und Nelken vermischt, oder mit kleinen, rothen, geschälten Kartoffeln und einer ganzen Zwiebel an. Den Schnitt der Bauchhöhle nähe alsdann zu, lege den Braten in die Gänsekasserole, fülle Wasser darein, bis dieses über ihn geht, und bedecke sie mit einem Kohlendeckel. Zwei Stunden lang muß der Braten auf diese Art kochen; wäre die Gans alt, noch eine Stunde länger; alsdann gieße das ausgekochte Fett ab und dünste nach und nach den Braten gelb, und zuletzt brate ihn schön incrustirt*. Vergiß nicht den Faden auszuziehen, ehe er auf den Tisch kommt; in einer Sauciere gib die Brühe.

Rezept aus: „Marianne Strüf's vollständiges Kochbuch für alle Stände.", Marianne Strüf, Dr. Becher's Verlag, Stuttgart, 1846.

Sonntagsessen

Schmorbraten

Ein schönes Stück Ochsenfleisch (Schwanzstück) rasch gewachsen, gut geklopft, mit einem Messer schräge Streifen geschnitten in die man kleine Speckstreifen steckt. Nun wird das Fleisch mit Salz und Pfeffer nebst Bratgewürze in heißem Fett braun angebraten. Nun gießt man 1-2 Eßlöffel Essig darüber, gibt wenig Fleischbrühe zu u. läßt es nun ungefähr 1 ½ St. im zugedeckten Topf dämpfen. Während dieser Zeit gießt man Rahm u. sauere Milch über den Braten. ¼ St. vor dem Anrichten röstet man etwas Mehl in dem Fett u. kocht die Sauce mit etwas Wasser u. Fleischbrühe auf. Beim Anrichten wird die Sauce durch ein Sieb getrieben.

Rezept aus: Notizbuch von Luise Garhammer (1905–1990), aus Freyung. *(Foto: Karl-Heinz Paulus)*

Sonntagsessen

Englischer Braten

Man nehme 1 ℔ Schweinefleisch, 1 ℔ Kalbfleisch, ½ ℔ Rindfleisch (Lendenbraten) klopfe es thue die Häute davon weg, und wiege es zusammen, salze es pfeffere es gut gib dann fein gewiegte Zwiebel Petersilkraut u. Zitronenschale daran und verrühre alles gut mit sie u. 2 Löffel voll rahm, weiche Semmel in Milch ein drückt sie aus u. schüt sie auch noch dazu, mach dies alles auf einem Brett zu einem Schinken zusammen, kehrt in Ei um u. Semelbrösl darauf gibts dan in eine Rein nebst etwas Fleischsuppe läßt es braten u. übergießt ihn öfters mit saueren Rahm, schneidet Zitronenschnitzel besäe ihn damit u. gibt ihn zu Tische. Man kann ihn auch mit Speck schlengen.

Rezept aus: Notizbuch ohne Deckel von Therese Gruber (1906–2002), aus Falkenbach.

Sonntagsessen

Gebratenes Hirschfleisch

Nimm ein Stück von einen Hirschen klopfe es das es marb wird reibe es mit Kronawittenbeeren u. Beitzkraut recht ein gib eine Beitz daran u. laß es ein paar Tage darin liegen spike es mit Speck u. brate es in sauerer Beitze begieße es mit Rahm u. mache die nämliche Soße wie beim Rehschlegel.

Beefsteaks

Von einer Lende schneidet man fingerdicke u. handgroße Scheiben, klopft dieselben u. bestreut sie mit Salz u. Pfeffer. Dann legt man sie in heiße Butter; sobald sie etwas angebraten sind, wendet man sie um, gibt länglich geschnittene Zwiebeln hinzu u. gibt sie, sobald beim Hineinstechen kein Blut mehr herauskommt, sofort auf eine heiße Platte. In die Pfanne gibt man etwas Maggi u. schüttet die Sauce über die Beefsteaks.

Gebratenes Hirschfleisch aus dem Notizbuch ohne Deckel von Therese Gruber (1906–2002), aus Falkenbach. Beefsteaks aus dem Notizbuch von Luise Garhammer (1905–1990), aus Freyung. *(Foto: Karl-Heinz Paulus)*

8.

Das hohe Fest „Weihnachten“.

Weihnachtskripperl. *(Foto: Karl-Heinz Paulus)*

Christbäume wachsen heute im „Christbaumland“, fahren durch halb Europa, werden mit Gift gespritzt, stehen vor dem Supermarkt, können schon im Sommer ausgesucht und mit einem Reservierungsband versehen werden und machen beim Heimfahren Schmutz im Auto. Wer einen Christbaum im Wald holen möchte, macht sich des Diebstahls schuldig.

Der direkte Weg in den Wald war für Hanns Gruber als Kind der normale Weg zum Christbaum – allerdings auch nicht immer unproblematisch. Nicht jeder Baum durfte ein Christbaum sein. Und nicht jeder passende Christbaum durfte auch mitgenommen werden.

Wie ich mit meiner Mutter um den Christbaum ging:

„Wir schreiben das Jahr 1952. Der Schnee hat schon wochenlang alles fest im Griff. Ein kalter, langer Winter wie es ihn heutzutage nur noch selten gibt.

Weihnachten steht vor der Tür. Beim ‚Danibauer‘, dem uralten Vierseithof, der seit mehr als 400 Jahren im Besitz unserer Familie ist, fiebern die Kinder dem nahen Fest entgegen. Wir, das sind meine Geschwister Martha und Bepperl, und ich. Wie die letzten Jahre würden es wieder ärmliche Weihnachten werden. Das tut aber der Vorfreude keinen Abbruch. Man kennt es kurz nach dem Krieg nicht anders.

Es gibt von meiner Mutter gestrickte Fäustlinge, eine ‚Zipfelhaube‘ oder schafwollene Socken. So habe ich es noch in Erinnerung. Der Vater bekommt Filzpantoffeln. Sie werden aber von der Mutter nach Weihnachten wieder ‚verräumt‘ und sind so zum nächsten Fest fast wie neu.

Nie fehlt in der ‚Stub'n‘ jedoch der Christbaum. Nicht so einer wie heute, mit glitzernden Kugeln, Lametta und anderem Firlefanz oder gar mit elektrischen Kerzen. Damals wurde der Baum mit kleinen, roten und gelben Äpfeln, mit dem Deckel einer alten Tabakschachtel, ausgestochenen Lebkuchen und geprägten Marzipanplätzerl behängt. Ein Naturbaum. Die alten Apfelsorten haben auch länger gehalten.

Nur auf Geheiß unserer Mutter ‚dürfen‘ wir Kinder regelmäßig das eine oder andere Stückerl vom Baum ‚pflücken‘. Der Christbaum im Jahr 1952 ist ein besonderer Baum. Deshalb kann ich mich so gut daran erinnern. Schon bei den ersten Worten muss ich schmunzeln.

‚Hanse, mia miaß ma um an Christbam geh‘, sagt Resl, meine Mutter, zwei Wochen vor dem Fest. ‚Jetzt passt's. Da Maschei stimmt‘, hatte der Vater gemeint. Ja. Wenn der Baum bei abnehmendem Mond geschlagen wird, nadelt er nicht so schnell. Das ist heute eigentlich ‚wurscht‘. Meist bleibt er nur bis ‚Heiligen Dreikönig‘ stehen. Früher stand der Christbaum bis Mariä Lichtmess. Gemäß auch nicht so schlimm. Wir haben die Nadeln einfach in die ‚Glumsn‘ zwischen die Bodenbretter ‚kiaht‘.

Unser Vater ging nie um einen Christbaum. Ihm war's um jeden Baum im Holzacker hart. Zudem hat er es der Mutter eh nicht recht machen können. Sie war die etwas ‚Feinere‘ in der Familie. Hat einfach gewusst, was in die Stub'n gehört.

‚Bringt's mir ja koan Tännling.‘ Keine Tanne also, hat uns der Vater aufgetragen. Nur eine ‚Fein‘, eine Fichte, besser noch ein ‚vaznofts Feidei‘, eine kleine Fichte. In seinen Augen zweitklassiges Holz durfte es sein.

So stapfen wir zwei – ausgerüstet mit ‚da Bongsog und an Schnoithong‘ - durch den tiefen Schnee hinauf zu unserem Holzacker in die ‚Schauerreut‘ und zum ‚Kegel‘ oberhalb des Dorfes. Beschwerlich ist der Weg. Bis zu drei Stunden sind wir unterwegs. Immer wieder müssen wir unsere ‚Holzschuh ausbeidln‘. Das ist mir in Erinnerung. Die gestrickten Schafwollsocken, die Handschuhe und meine ‚Zipfelhaube‘ sind schon zum Auswinden.

Weihnachtsbaum bei der Familie Gruber. Am Baum hängen Plätzchen. Das Schaukelpferd steht lt. Hanns Gruber noch heute auf dem Danihof. *(Foto: Archiv Familie Gruber)*

Der alte Mantel vom Großvater wird immer schwerer. Trotzdem gehe ich – das ‚magere Grisperl‘ – schneidig voran.

Schon beim Holzmachen im Herbst hatte ich einen möglichen Christbaum ‚ausg'schaut‘. ‚Mutter schau, der waa da richti. Wos moanst?‘ Ich deute dabei auf ‚a kräftige Fein‘. ‚Beidls amoi o. Hmmh, hmmh‘, ihr Kopf geht zweifelnd hin und her. Aber der Baum hält ihrem kritischen Blick stand. ‚A schens Kratzl, d'Nästl hübsch gleich und ned krumm.‘ ‚Hanse, der passt. Schneina o.‘ Gesagt. Getan. Die Fichte wird mit einem Kälberstrick zusammengebunden. Dann geht es wieder hinunter Richtung Falkenbach. Ab und an verweilen wir bei einem Felsen. ‚Da kiah ma mit Großatnäst den Schnee weg und hebm vom Stoa s'Moos owa.‘ Mit dem Moos schmückte die Mutter das Kripperl unterm Christbaum.

Müde und schweißgebadet stapfen wir weiter, immer wieder einsinkend. Im stillen Winterwald sind wir ganz unter uns. Nur wenige Worte werden gewechselt. Das stundenlange Gehen durch den Schnee fordert seinen Tribut. Beide sehnen wir die warme Stube herbei.

‚Hanse schau‘, sagt die Mutter auf einmal in die Stille hinein. ‚Da liegt ein Tännling zwergst im Schnee.‘ Auf dem Schauerreuter Weg ist es. Eine gute halbe Stunde vom Dorf entfernt. ‚Grod steht er ned. I glaub, der is obrocha‘, meine ich und stiefle hin. ‚Den hat Oana o'gschnittn, muaß eahm owa ned zua'gsogt hom.‘ Ich ziehe den Baum, die Tanne, über den Schnee auf den Weg. ‚Du Hanse, der is schener wia da unsa, moanst ned aa? Und a Tännling waars a na:‘ Ein Tännling, was wird da der Vater sagen, geht es mir durch den Kopf. ‚Aber ned aus unserem Woid. Neber dem Weg g'hört der Holzacker dem Kern Gregor.‘ erwidert meine Mutter. Doch etwas Schiss vor der Reaktion des Vaters haben wir beide doch. ‚Wos doan ma mit da Fein?‘. ‚Die steck i ins Loch vom Tännling. Vielleicht find's wieder a Anderer, dann het mas wieder guat g'mocht.‘ Gesagt. Getan. Noch einmal.

Zeit wird's, dass wir nach Hause kommen. Da steht der Christbaum nun im Hof. Vom Senior misstrauisch beäugt. Der Blick. ‚Wo habt's denn den o'gschnittn?‘, fragt er mit leicht erhobener Stimme. ‚Ned o'gschnittn, in der Schauerreut mitgnumma.‘ Doch seinem Junior traut er nicht ganz. Ich habe zu viele Stückerl geliefert. Die hat er sich gemerkt. ‚Im Woid vom Gregor is er gleng.‘ Genau beschreibt ihm die Mutter den Ort. Ihr hat er noch nie misstraut. Sie waren immer ehrlich zueinander. Der Vater runzelt die Stirn, überlegt kurz. ‚I moan i woaß wo er g'standn is. Des is a Wijdling gwen, koa Afzonga.‘

Ich entferne den Kälberstrick und stecke den Baum in den aufgeschaufelten Schnee. Der Tännling entfaltet seine ganze Pracht. ‚Na ja, na ja. Schee is a scha. Den kin ma nehma.‘ sagt der Vater.

Ob ihm der Christbaum tatsächlich gefiel oder ob er ihn nur schön fand, weil der Tännling nicht aus seinem Holzacker war, habe ich nie erfahren.

Dorfkapelle von Falkenbach im winterlichen Sonnenuntergang.
(Foto: Karl-Heinz Paulus)

Eigentlich ist hier das Ende der erzählten Geschichte, aber nicht ganz. Hier noch der tröstliche Nachtrag:

Am nächsten Tag beobachtete ich vom ‚Schroud‘ aus, wie mein Vater zwei- bis dreimal um den Tännling herumging, ihn etwas ‚brumpfelnd‘ begutachtete und in da ‚Reiha‘ zwischen Haus und Stadl in Richtung Wald verschwand. Er ging offenbar auf unseren Spuren vom Vortag in die ‚Schauerreut‘, rupfte mit dem ‚Sagl‘ zwei oder drei Tannenäste ‚im Gregor sein Holzacker‘ von einem Baum, brachte sie heim und ‚ergänzte‘ damit den Tännling. Er bohrte Löcher in den Stamm, passte den geholten Ersatz hinein und erst dann fand er sein ganzes Wohlgefallen.

Am Heiligen Abend wussten nur wir zwei – mein Vater und ich – dass es ein ‚betschierter‘ Tännling war.“

Rezepte für Weihnachtsgebäck, Kuchen und Torten

Im schwarzen Notizbuch von Rosa Ernstberger finden sich auch einige aus Zeitschriften herausgeschnittene oder der Tageszeitung beigelegten Blätter mit Weihnachtsrezepten. *(Foto: Lichtland)*

Weihnachtsstollen

½ ℔ Butter schäumig rühren, ½ ℔ Zucker mit 6 Eiern rühren, nach Belieben Zitronat und Orangenat etwas gewiegte Mandeln dazu. Saft und Schale einer Zitrone, 1 Backpulver und 1 ℔ Mehl. Backzeit eine Stunde während der Backzeit nicht ins Rohr schauen.

Rezept aus dem Notizbuch von Rosa Ernstberger (Lebenszeit unbekannt). *(Foto: Lichtland)*

Rezepte für Weihnachtsgebäck, Kuchen und Torten

Mit Gott! Marktheidenfeld.
14. 12. 43.

Linzer Kolatschen

60 gr. Butter, 70 gr. Schmalz, 2 kleine Eidotter, 70 gr. Zucker, Zitronenschale, 25 gr. Semmelbrösel u. 180 gr. Mehl. Alles gut auf dem Nudelbrett zusammen arbeiten Kugeln aus der Masse formen mit dem Finger in die Mitte eine Vertiefung eindrücken mit Marmelade füllen. Auf Oblatten setzen u. in ziemlich heißem Rohr backen.

Aus dem Notizbuch von Rosa Ernstberger (Lebenszeit unbekannt).

Rezepte für Weihnachtsgebäck, Kuchen und Torten

Nürnberger Lebkuchen sehr gut v. Tante Babett

70 gr Schmalz, 1 Teelöffel Zimt, 1 Messerspitze Nelken 150 gr Zucker, 2 ganze Eier 1 Teelöffel Kakao, 50 gr. Zitronat u. Orangeat 200 gr. Nüsse 100 gr. Weinbeeren 1/8 L Milch 1/2 ℔ Mehl, 1 Päckchen Backpulver. Schmalz schäumig rühren, gut untereinander mischen in einer Schüssel. Auf Oblaten setzen u. bei mäßiger Hitze backen.

Nürnberger Lebkuchen

70 gr Schmalz, 1 Teelöffel Zimt, 1 Messerspitze Nelken, 150 gr Zucker, 2 ganze Eier, 1 Teelöffel Kakao, 50 gr Zitronat u. Orangenat, 200 gr Nüsse, 100 gr Weinbeeren, ½ L Milch, ½ ℔ Mehl, 1 Päckchen Backpulver. Schmalz schäumig rühren, gut untereinander mischen in einer Schüssel. Auf Oblaten setzen u. bei mäßiger Hitze backen.

Haselnußmakronen

3 Eiweiß, 150 gr. Zucker, 210 gr. geriebene Nüsse.

Eiweiß zu Schnee schlagen mit Zucker gut mischen, Nüsse dazu u. kl. Kugeln formen, bei einigen in die Mitte eine Haselnuß geben. Gut gefettet kan man Oblaten weglassen. Probe nicht vergessen.

Nürnberger Lebkuchen aus dem Notizbuch von Rosa Ernstberger (Lebenszeit unbekannt). Haselnußmakronen aus dem kleinen Notizbuch von Centa Garhammer, später: Lankes (1913–1978), Zahnarztgattin aus Freyung.

Rezepte für Weihnachtsgebäck, Kuchen und Torten

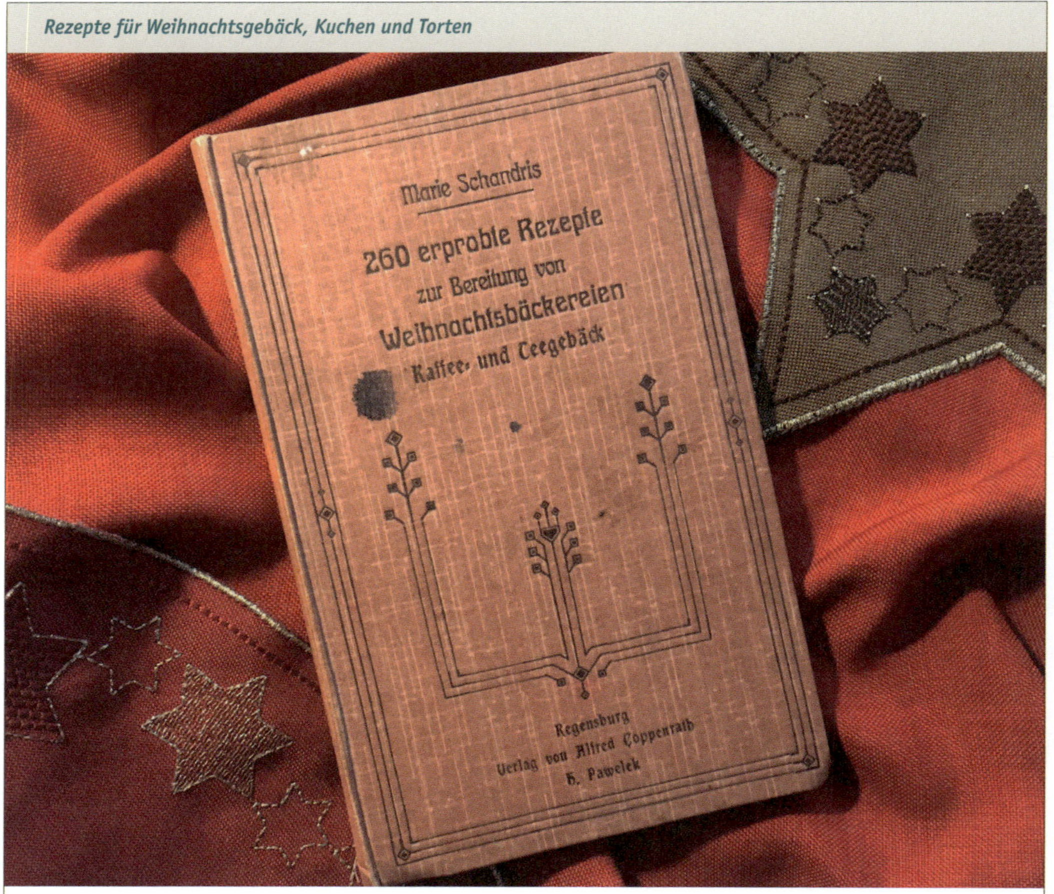

Braunes Marzipan

Bedarf: 6 Eier, 1 ½ Pfd. (750 Gr.) Farinzucker, 50 Gr. Zitronat, 50 Gr. Orangeat, Mehl, Zimt, Nelkengewürz.

Sechs Eidotter und sechs Eßlöffel voll Wasser werden mit eineinhalb Pfund (750 Gr.) Farinzucker eine Stunde gerührt, dann fügt man 100 Gr. Zitronat und Orangeat, beides fein gewiegt, nebst 15 Gr. Zimt und 8 Gr. Nelkengewürz dazu und zuletzt soviel Mehl, unter das man eine Messerspitze pulverisiertes Hirschhornsalz gibt, daß man den Teig auf dem Nudelbrett auswalken kann. Die mit Blech- oder Holzformen ausgeformten Stückchen läßt man über Nacht stehen und bäckt sie anderen Tags auf mit Wachs bestrichem Blech.

Rezept aus: „260 erprobte Rezepte zur Bereitung von Weihnachtsbäckereien“, Marie Schandris, Verlag von Alfred Coppenrath H. Pawelek, Regensburg, 1909. *(Foto: Lichtland)*

Rezepte für Weihnachtsgebäck, Kuchen und Torten

Haarnadeln

Bedarf: ½ Pfd. (250 Gr.) Zucker, ½ Pfd. (250 Gr.) Mehl, 3 Eidotter, 2 kl. Eier, 1 Bäckchen Vanillin.

Ein halbes Pfund (250 Gr.) Zucker mit einem Päckchen Vanillin rührt man mit drei Eidottern und zwei kleinen ganzen Eiern recht schaumig und fügt ein halben Pfund (250 Gr.) Mehl bei, nimmt den Teig auf das Nudelbrett und sticht mit einem Blechausstecher, der die Form von Haarnadeln oder Löffelbiskuit hat, aus, legt sie auf ein mit Wachs bestrichenes Blech, bäckt sie am anderen Tag ganz lichtgelb und löst sie noch warm mit einem Messer vom Blech.

Geduldplätzchen

Bedarf: ½ Pfd. (250 Gr.) Zucker, ¼ Pfd. (125 Gr.) Mehl, 2 Eiweiß und Vanille.

Ein halbes Pfund (250 Gr.) feinen Zucker rührt man mit dem Schnee von zwei Eiweiß schaumig, gibt ein viertel Pfund (125 Gr.) Mehl dazu, setzt auf ein mit Wachs bestrichenes Blech kleine Plätzchen und läßt sie über Nacht stehen; am anderen Tag werden sie langsam gebacken.

Anisschnitten

Bedarf: ½ Pfd. (250 Gr.) Zucker , ½ Pfd. (250 Gr.) Mehl, 4 Eier, 1 Löffel voll runder Anis.

Ein halbes Pfund (250 Gr.) Zucker wird mit vier Eiern schaumig gerührt, dann ein Eßlöffel voll runder Anis und ein halbes Pfund (250 Gr.) feines Mehl darunter gemengt. Eine längliche Blechform wird gut mit Butter ausgestrichen, die Masse eingefüllt und drei viertel Stunden im Rohr gebacken. Nach einer Stunde in fingerbreite Stücke geschnitten und braun gebäht*.

Walnußplätzchen

Bedarf: 150 Gr. Zucker, Vanille, 1 Ei, 200 Gr. Walnüsse

150 Gr. Zucker mit Vanille werden mit einem Ei schaumig gerührt und mit 200 Gr. (ca. 80 Stück) gerieben Walnüssen, etwas Zimt, gut vermengt. Aus dieser Masse forme kleine Kugeln, setze sie auf Oblaten, bestreiche die Kugeln mit Zuckerwasser und backe sie langsam. Je fester der Teig, desto besser wird das Gebäck. Sind die Nüsse recht klein, so nehme man etwas mehr.

Alle Rezepte aus: „260 erprobte Rezepte zur Bereitung von Weihnachtsbäckereien", Marie Schandris, Verlag von Alfred Coppenrath H. Pawelek, Regensburg, 1909.

Rezepte für Weihnachtsgebäck, Kuchen und Torten

Eingeschneites Köppenreut. *(Foto: Karl-Heinz Paulus)*

Pfeffernüsse

Bedarf: 1 Pfd. (500 Gr.) Zucker , 4 Eier, 1 Pfd. (500 Gr.) Mehl, Zitrone, 1 Gr. Kardamomen, gestoßenen Zimt, Nelkengewürz, 35 Gr. Zitronat.

Ein Pfund (500 Gr.) Zucker wird mit vier Eiern dreiviertel Stunden gerührt, alsdann werden die abgeriebene Schale einer Zitrone, ein Gramm gestoßenen Kardamomen, ein Kaffeelöffel voll Zimt, ebensoviel Nelkengewürz, 35 Gr. fein geschnittenes Zitronat daruntergerührt und zuletzt knetet man noch ein Pfund (500 Gr.) feines Mehl auf dem Nudelbrett daran. Den so bereiteten Teig läßt man eine Stunde ruhen, bestäubt dann das Nudelbrett dünn mit Mehl, walzt den Teig messerrückendick aus, sticht mit einem Ausstecher Pfeffernüsse, in der Größe eines Zehnpfennigstückes, daraus und läßt sie über Nacht an einem kühlen Orte stehen. Am anderen Morgen legt man sie auf ein mit Wachs bestrichenes erkaltetes Blech und bäckt sie bei sehr mäßiger Hitze im Rohr, so daß sie weiß bleiben und löst sie, solange sie noch warm sind, mit einem Messer vom Bleche ab.
NB. Ist das Mehl sehr trocken, so ist es gut, nicht das ganze Pfund dazu zu tun, sondern nur so viel als man für nötig hält, da sonst der Teig zu fest mürbe und nicht gut ausgewalkt werden kann.

Rezept aus: „260 erprobte Rezepte zur Bereitung von Weihnachtsbäckereien“, Marie Schandris, Verlag von Alfred Coppenrath H. Pawelek, Regensburg, 1909.

Rezepte für Weihnachtsgebäck, Kuchen und Torten

Spitzbuben

Bedarf: 260 Gr. Mehl, 150 Gr. Butter, 70 Gr. Zucker, 1 Zitrone, Eingekochtes.

Man gibt 260 Gr. Mehl aufs Nudelbrett, arbeitet 150 Gr. beste Butter darin ab, fügt 70 Gr. Zucker nebst der abgeriebenen Schale und dem Saft einer Zitrone dazu. Den daraus fein abgearbeiteten Teig rollt man messerrückendick aus, sticht gleiche Plätzchen aus, backt sie leicht, bestreicht den einen Teil mit Aprikosen-, oder auch mit Himbeerenmarmelade, legt immer zwei Plätzchen aufeinander und bestreut sie mit feinem Zucker.

Butterbiskuit

Bedarf: 9 Eier, 3/5 Pfd. (300 Gr.) Zucker, 1/4 Pfd. (125 Gr.) Butter, 1/2 Zitrone, 2/5 Pfd. (200 Gr.) Mehl.

Neun ganze Eier werden mit drei fünftel Pfund (300 Gr.) feinem Zucker in einer Schüssel eine halbe Stunde gerührt oder mit einem Schneeschläger geschlagen. Hierauf wird ein viertel Pfund (125 Gr.) zerlassene Butter hineingerührt, die abgeriebene Schale von einer halben Zitrone daran gegeben, zuletzt zwei fünftel Pfund (200 Gr.) feines Mehl recht gut darunter gemengt. Eine mittelgroße Tortenform wird gut mit Butter ausgestrichen, mit Bröseln ausgestreut, die Masse eingefüllt, bei mäßiger Hitze eine Stunde gebacken.

Beide Rezepte aus: „260 erprobte Rezepte zur Bereitung von Weihnachtsbäckereien“, Marie Schandris, Verlag von Alfred Coppenrath H. Pawelek, Regensburg, 1909. *(Foto: Karl-Heinz Paulus)*

Ein schöner Christbaum. *(Foto: Karl-Heinz Paulus)*

219. Gefüllter Nußkranz.

Bedarf: 500 Gr. Mehl, 100 Gr. Butter oder Schmalz, 2 Eier, 2 Dotter, 50 Gr. Zucker, Zitrone.

Dieser Teig wird ebenso behandelt wie der vom Hefenzopf, nur wird er nicht geflochten, sondern der Teig wird ausgewalkt, so groß wie das Nudelbrett ist und mit unten angegebener Fülle rasch bestrichen, gut gerollt, dann in eine Kugelhupf= oder andere runde Form gelegt, nochmals etwa eine halbe Stunde gehen gelassen und wenn er gut drei viertel Stunden im Rohr war, mit einer Zucker=Glasur bestrichen oder auch nur gut gezuckert, erkaltet zu Tisch gegeben.

Nußfülle. Man läßt 150 Gr. Zucker mit 10 Eßlöffeln Wasser spinnen und wenn etwas erkaltet, gibt man ein halbes Pfund (250 Gr.) gemahlene Walnüsse oder Haselnüsse daran, wenn nötig auch mit Mandeln gemischt, mengt sie nebst einem Eßlöffel Arrak und etwas Eiweiß oder nur letzteres zu einer gleichmäßigen Masse, die sich leicht streichen läßt.

Gefüllter Nusskranz

Bedarf: 500 Gr. Mehl, 100 Gr. Butter oder Schmalz, 2 Eier, 2 Dotter, 50 Gr. Zucker, Zitrone.

Dieser Teig wird ebenso behandelt wie der vom Hefezopf, nur wird er nicht geflochten, sondern der Teig wird ausgewalkt, so groß wie das Nudelbrett ist und mit unten angegebener Fülle rasch bestrichen, gut gerollt, dann in eine Kugelhupf- oder andere runde Form gelegt, nochmals etwa eine halbe Stunde gehen gelassen und wenn er gut drei viertel Stunden im Rohr war, mit einer Zucker-Glasur bestrichen oder auch nur gut gezuckert, erkaltet zu Tisch gegeben.
Nußfülle. Man läßt 150 Gr. Zucker mit 10 Eßlöffeln Wasser spinnen und wenn etwas erkaltet, gibt man ein halbes Pfund (250 Gr.) gemahlene Walnüsse oder Haselnüsse daran, wenn nötig auch mit Mandeln gemischt, mengt sie nebst einem Eßlöffel Arrak und etwas Eiweiß oder nur letzteres zu einer gleichmässigen Masse, die sich leicht streichen läßt.

Rezept aus: „260 erprobte Rezepte zur Bereitung von Weihnachtsbäckereien", Marie Schandris, Verlag von Alfred Coppenrath H. Pawelek, Regensburg, 1909.

Rezepte für Weihnachtsgebäck, Kuchen und Torten

Sehr guten Gugelhopf

1 ℔ feines Mehl, 170 gr. Butter, 4 Eier, 136 gr. Zucker, Zitronengeschmack, 1/4 Hefe, nach Belieben Weinbeer und Rosinen zuerst mache ein Dampfl* mit lauwarmer Milch u. Hefe an während dieses geht rührt man den Butter u. die Eier recht mit dem Zucker pfläumig* ab dann kommt das Mehl mit den gegangenen Dampfl* u. was noch abgeht. Milch der Teig darf nicht so stark sein wie zu den Dampfnudeln gehen bestreiche einen Modl mit Butter füll ihn hinein laß ihn nochmals gehen dan im Ofen gebacken bestreu ihn mit Zucker so lange er warm ist.

Pomeranzen Brötchen

Ein 1/2 ℔ Zucker, 2 gr Eier eine 1/2 Stunde rühren, auch ein wenig Zitronenschale. Zitronat u. Organgeat alles feingewiegt. Das Gewiegte soll einen Esslöffel voll ausmachen, dann darunter rühren, zuletzt ein 1/2 ℔ Mehl u. eine Messerspitze gutes Backpulver dazu mengen. Man kanns dann ausstechen od. Brötchen formen, auf ein mit Wachs bestrichenes Blech legen u. über Nacht stehen lassen. Am anderen Tag in gutaufgeheizten Rohr bei gleichmäßiger Hitze backen.

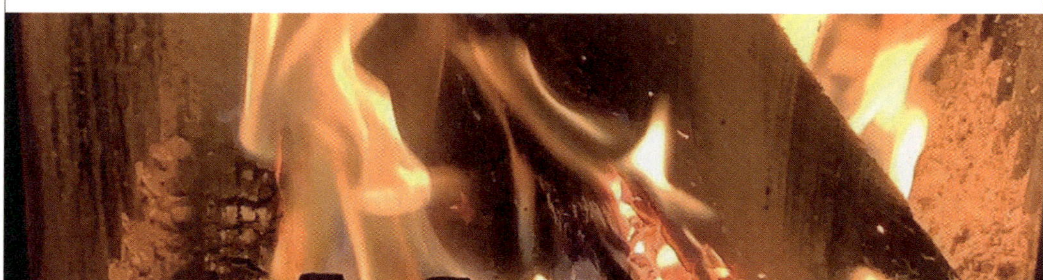

Beide Rezepte aus dem großen Notizbuch von Centa Garhammer, später: Lankes (1913–1978), Zahnarztgattin aus Freyung. *(Foto: Hannelore Hopfer)*

Punsch-Torte

Zu dieser Torte sind sieben gleich große, niedere Potagebleche* nöthig. Folgende Biscuitmasse theile so gleichmäßig aus, daß in jedem der Bleche ein gleich dicker Kuchen gebacken werden kann. Anderthalb Pfund staubfeinen Zucker setze mit siebenundzwanzig Dottern einige Stunden an. Den Schaum von einundzwanzig Eiweiß nimm alsdann dazu, von zwei Zitronen die abgeriebene Schale, von einer den Saft, rühre die Masse eine Stunde lang, menge achtzehn Loth Stärkmehl, achtzehn Loth Kochmehl darein und fülle die Masse, wie oben angegeben ist, in die sieben mit Butter bestrichenen Bleche. Backe die Biscuitkuchen vorsichtig mit Papierbogen, ihre Oberfläche muß schön in der Farbe sein. Indessen koche folgende Marmelade: drei Pfund geschälte, in Würfel geschnittenen Borsdorferäpfel dünste mit anderthalb Pfund Zucker weich; nachdem sie erkaltet sind, rühre sie mit etwas weniger als einem Schoppen Arrak vollends ganz glatt, bestreiche damit die Oberfläche von sechs Kuchen, theile die Marmelade so ein, daß sie gerade aufgeht, lege die Kuchen über einander, die oberste Fläche bestreiche sammt der Seitenwand mit folgendem Eis: in den Schaum von drei Eiweiß rühre ein Pfund staubfeinen Zucker, den Saft einer Zitrone, bis es ein dickes Eis ist; bestreiche die Torte sehr pünktlich mit demselben und stelle sie hernach zum Abtrocknen in einen kühlen Ofen. Nachgehends ziere die Torte mit eingemachten Früchten. Wer sie stark haben will, nimmt einen Schoppen Arrak. Die Torte wird sehr groß.

Rezept aus: „Marianne Strüf's vollständiges Kochbuch für alle Stände.“, Marianne Strüf, Dr. Becher's Verlag, Stuttgart, 1846. *(Foto: Pedal to the Stock/shutterstock.com)*

9.

Die andere Zählweise – Maße und Gewichte.

Drei ‚Gsetzl' vom Rosenkranz und mindestens sechs ‚Vater unser' waren notwendig, damit der Teig vom Kletzenbrot lang genug gerührt und geknetet wurde. *(Foto: Karl-Heinz Paulus)*

Elektronische Waagen, Bratenthermometer, digitale Temperaturangaben. Kalorienangaben pro 100mg und die obligate Liste an Inhalts- und Zusatzstoffen. Stromgetriebene Eckdaten moderner Küchen und überlebenswichtige Angaben für Allergiker und Menschen mit Sinn für natürliche Lebensmittel. Kochen ist zu einer hochphysikalischen und von digitalen Hilfsmitteln bestimmten Angelegenheit geworden.

In der Küche von Hanns Grubers Mutter und den von ihm gesammelten Kochbüchern fanden und finden sich andere Maße. Von einer Handvoll und einer Prise ist da die Rede. Und sogar die Uhren sind früher anders gegangen. Sie waren selten am Handgelenk und nie am Telefon. Eher schon beim lieben Gott und der Jungfrau Maria.

Die andere Zählweise:

„Meine Mutter brauchte für uns keine Uhr, wenn es ums Plätzerl- oder Kuchenbacken ging. Das war hauptsächlich im Advent. Sonst gab es das Jahr über kaum ‚Leckerl' oder gar Kuchen – außer der ‚Danibauer' hatte es eigens angeschafft.

Worauf er keinen Einfluss hatte, war zu ‚Armenseelen' mit dem ‚Sejwecken'. Das ist ein nicht so ganz großer Hefezopf, ganz besonders geflochten und mit viel ‚Weibirl' im Teig. Sie waren gedacht für die Firmlinge, die Vater und Mutter in ihrer jüngeren Zeit zusammengebracht hatten:

Der Vater drei und die Mutter fünf, weil ihre Verwandtschaft größer war. Die ‚alten' Firmlinge erhielten einen ‚Sejwecken' und die ‚Mannerleid und die Weiber' gingen am 2. November ins Seelenamt.

Einige nicht. Denn es war immer noch ein Bauernfeiertag.

Vormittag in ‚d'Kircha' und am Nachmittag machte man das sogenannte ‚Glanglat': zum Beispiel Messer schleifen, Sensen dengeln, den Schafstall herrichten für den Eintrieb, Besenbinden oder einfach ‚zamrama'.

Manche blieben gleich im Wirtshaus sitzen.

Einige Falkenbacher, ‚Moazipfler', Köppenreuter und sogar Aigenstadler haben einfach ‚weitergsiefet' auf'n Zipf. Wenn am nächsten Tag die dichten ‚Hirnschwaden' sich langsam verzogen hatten, begann die Zeit des ‚Einwinterns':

mit ‚Kleesam' dreschen mit den ‚Drischln', mit Säckewaschen, Umschaufeln auf dem ‚Troadboden', Holz machen, Weidezäune flicken und dem Auswechseln der schlechten, angefaulten ‚Stempen'.

In der großen Stube und am Kachelofen war unsere Mutter mit dem Backen am Werk. Wir Kinder waren immer in Reichweite – wenn keine Schule war oder gar Ferien. Die Reihenfolge der verschiedenen Rezepte war das Geheimnis der Mutter.

Zuerst kamen die ‚Marzipanplätzerl' dran, weil die am längsten brauchten bis zum ‚Moawerden' (bis sie weich genug zum Essen waren).

Wir Kinder hatten einen genauen Auftrag zum Rühren:

10 bis 12 ‚Vater unser' mit dem ‚Gegrüßet seist Du Maria' fürs Marzipan.

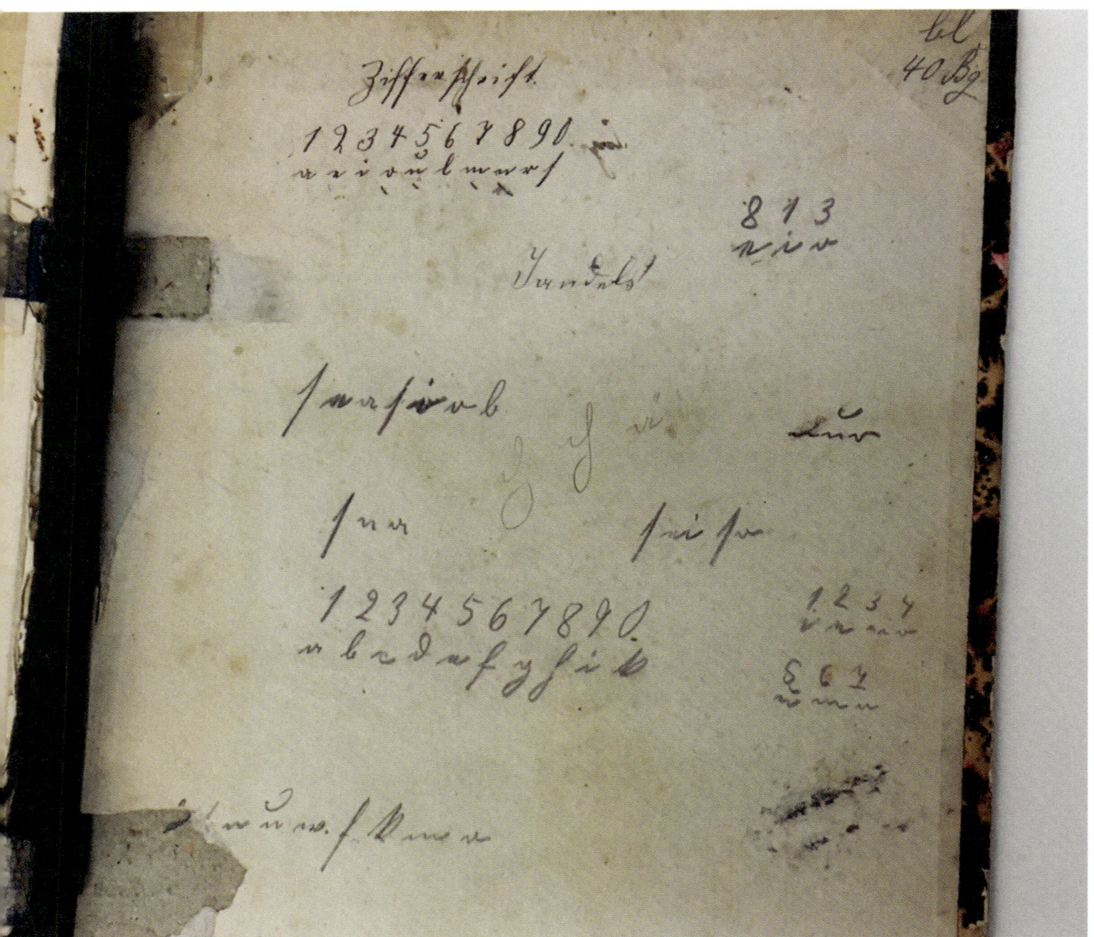

Theres Seyerer hatte sich hinten in ihrem Notizbuch auf der letzten Umschlagseite innen mehrere Varianten einer Übersicht der Ziffernschrift notiert. *(Foto: Lichtland)*

8 bis 10 ‚Vater unser' für ‚d'Lebkuchen'.

Spritzgebäck und ‚Anisloawal' waren mit 7 ‚Vater unser' veranschlagt. Die ‚Spitzbube' auch so eine Weile.

Kurz vor Weihnachten fiel der Mutter noch der Bisquitt-Kuchen ein. Hier musste die Rührzeit schon mit einem ganzen Rosenkranz ‚kalkuliert' werden.

Wenn das Kletzenbrot noch dazu kam, waren es schon 3 ‚Gsetzl' vom Rosenkranz und mindestens 6 ‚Vater unser'. Die Kletzen, Zwetschgen, ‚Weibirl' und gedörrten Feigen mussten im Teig schon ‚herausstechen'.

Was mir und meiner Schwester noch ‚zugemutet' wurde, war das Anstreichen der Plätzerl mit einer Glasur aus Puderzucker, Schokolade und – wenn das Ganze noch bunt sein sollte – auch noch mit Farinzucker oder Schokobohnen. ‚Gott sei Dank' war unsere Mutter nicht gar so ‚romantisch' und gab sich mit den ‚einfachen Plätzerln' zufrieden. Trotzdem waren sie immer gut.

Eines darf ich aber nicht verschweigen: Beim Teigrühren und beim Anstreichen war das ‚Schlecken' das Schönste.

Die „andere Zählweise" hatte auch ihren Preis."

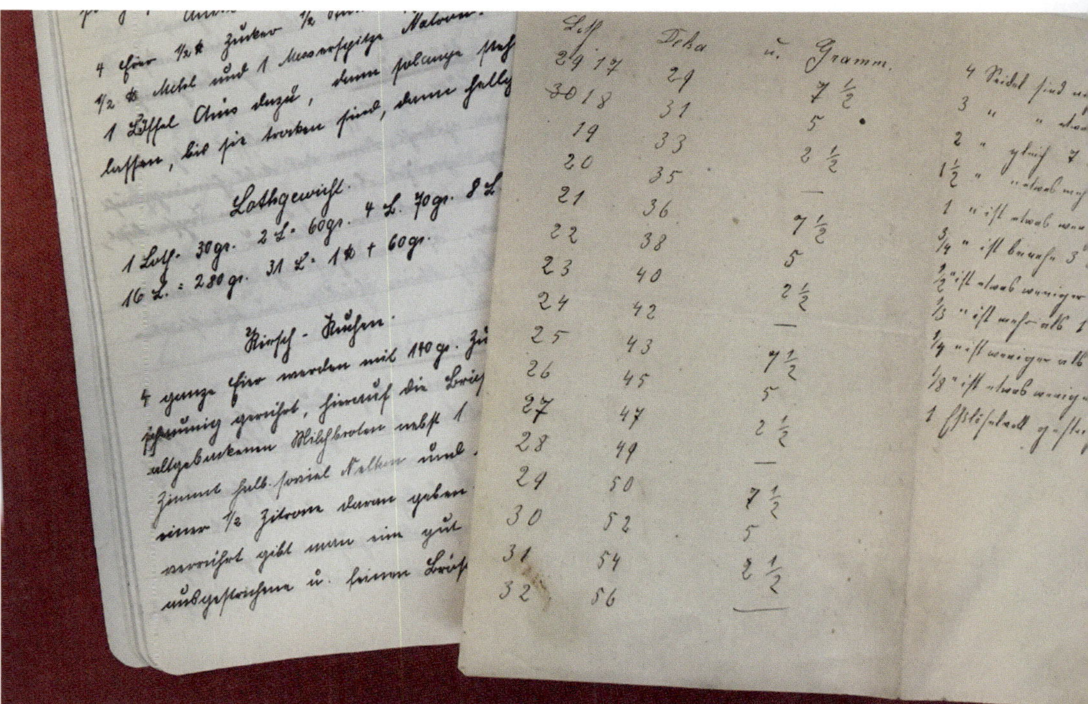

Loth	Deka	u. Gramm
17	29	7 1/2
18	31	5
19	33	2 1/2
20	35	—
21	36	7 1/2
22	38	5
23	40	2 1/2
24	42	—
25	43	7 1/2
26	45	5
27	47	2 1/2
28	49	—
29	50	7 1/2
30	52	5
31	54	2 1/2
32	56	—

Einträge über Lothgewichte von Therese Gruber. *(Foto: Lichtland)*

Nach-/schlag

„In vielen Büchern findet man einen sogenannten ‚Anhang'. Man findet sich dadurch in Kapiteln und Texten leichter zurecht. Das scheint mir in diesem Buch auch notwendig. Der ‚Nach-/schlag' hier hat doppelte Bedeutung. Einerseits hat er mit Essen und Speisen zu tun. Andererseits mit dem Nachschlagen, also dem Nachsehen. Dieser Nach-/schlag ist also auch eine Erklärung der nicht mehr üblichen und nicht mehr gebräuchlichen Ausdrücke, Abfolgen, Maße und Gewichte, wie sie vor hundert und mehr Jahren noch üblich waren. Nicht alles kann man wortwörtlich übersetzen. Ich versuche sie so zu erklären, dass sie heute noch praktisch umsetzbar sind. Vielleicht ist es sogar spannend, Nomina und Abfolgen in die Gegenwart und in die heutigen Gebräuche einzubringen. Vielleicht wird uns dabei bewusst, dass die ‚gute alte Zeit' gar nicht immer so gut war."

1 kg = 1000 g = 100 Deka

1 Deka = 10 g

1 kg = 2 ℔ = 1000 g

In Bayern wurde gerechnet:

1 ℔ = 560 g = 4 Vierling = 140 g = 32 Lot á 17,5 g

1 Quentchen = 4,3 g

1 Vierling = 125 g, ca. 8 Lot (4. Teil des Pfundes)

1 Lot = 15 g (15,6 g)

1 Quint – 3,5 g (5. Teile des Lots)

„Kennst di na aus?" – „I net!"

Bei dem ganzen Durcheinander kam dann die praktische Lösung –
1 Esslöffel war immer gut:

1 gestrichener Esslöffel Grieß ... = 10 – 15 g

1 gestrichener Esslöffel Reis ... = 15 g

Quelle: „Aus dem Kochbuch des bayerischen Vereins für wirtschaftliche Frauenschulen auf dem Lande" gedruckt bei I. Schön, (vor ca. 100 Jahren, signiert von L. Garhammer, Freyung, F/W)

„Nach all dem Durcheinander – nicht nur bei Maßen und Gewichten – kam das ‚Modernisierungsbeben' des Maximilian Joseph von Montgelas gerade recht. Der 1759 geborene Sohn eines bayerischen Generals mit Wurzeln in Savoyen, wurde in Straßburg und Ingolstadt zum Juristen ausgebildet. 1796 steigt er zum engsten Berater des Herzogs Maximilian Joseph von Pfalz-Zweibrücken auf. Der Aufbau Bayerns beginnt. 1799 zieht Maximilian IV Joseph als neuer Kurfürst in München ein. Montgelas fungiert teils gleichzeitig als Außen-, Finanz- und Innenminister

und baut an der Neuordnung Bayerns. Dabei werden nicht nur maßgebende Gesetze, sondern auch viele praktische Verordnungen erlassen.

Am 28. Februar 1809 kam die verbindliche Festlegung der Maße und Gewichte in ganz Bayern. Maße und Gewichte wurden mit der Wirtschaftsreform vereinheitlicht. Vorher hatte es viele regionale Unterschiede gegeben. Das metrische System wurde allerdings erst 1872 eingeführt."

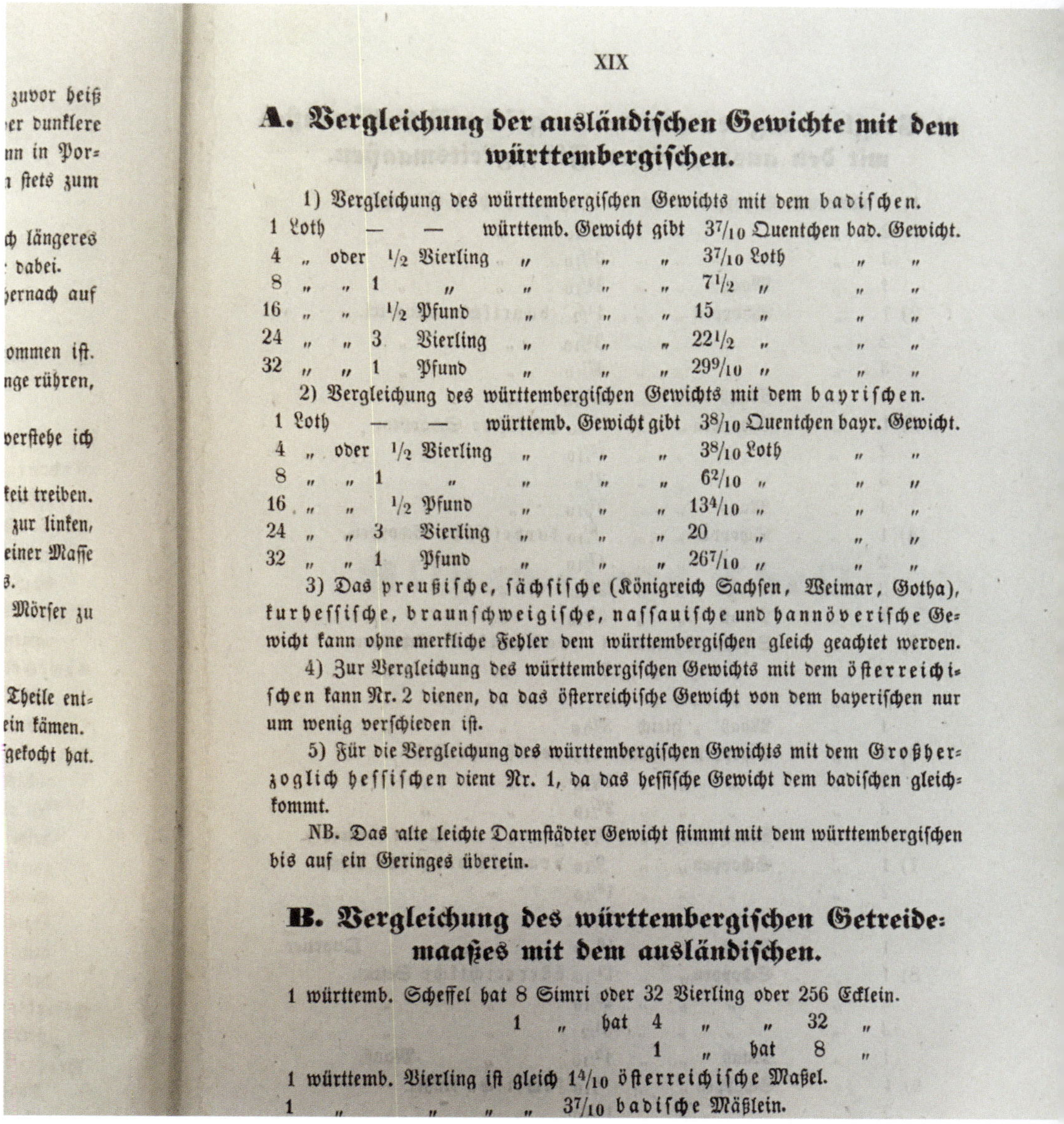

XIX

A. Vergleichung der ausländischen Gewichte mit dem württembergischen.

1) Vergleichung des württembergischen Gewichts mit dem badischen.

1 Loth	—	—	württemb. Gewicht gibt	$3\frac{7}{10}$ Quentchen	bad. Gewicht.
4 „	oder $\frac{1}{2}$	Vierling	„ „ „	$3\frac{7}{10}$ Loth	„ „
8 „	„ 1	„	„ „ „	$7\frac{1}{2}$ „	„ „
16 „	„ $\frac{1}{2}$	Pfund	„ „ „	15 „	„ „
24 „	„ 3	Vierling	„ „ „	$22\frac{1}{2}$ „	„ „
32 „	„ 1	Pfund	„ „ „	$29\frac{9}{10}$ „	„ „

2) Vergleichung des württembergischen Gewichts mit dem bayrischen.

1 Loth	—	—	württemb. Gewicht gibt	$3\frac{8}{10}$ Quentchen	bayr. Gewicht.
4 „	oder $\frac{1}{2}$	Vierling	„ „ „	$3\frac{8}{10}$ Loth	„ „
8 „	„ 1	„	„ „ „	$6\frac{2}{10}$ „	„ „
16 „	„ $\frac{1}{2}$	Pfund	„ „ „	$13\frac{4}{10}$ „	„ „
24 „	„ 3	Vierling	„ „ „	20 „	„ „
32 „	„ 1	Pfund	„ „ „	$26\frac{7}{10}$ „	„ „

3) Das preußische, sächsische (Königreich Sachsen, Weimar, Gotha), kurhessische, braunschweigische, nassauische und hannöverische Gewicht kann ohne merkliche Fehler dem württembergischen gleich geachtet werden.

4) Zur Vergleichung des württembergischen Gewichts mit dem österreichischen kann Nr. 2 dienen, da das österreichische Gewicht von dem bayerischen nur um wenig verschieden ist.

5) Für die Vergleichung des württembergischen Gewichts mit dem Großherzoglich hessischen dient Nr. 1, da das hessische Gewicht dem badischen gleichkommt.

NB. Das alte leichte Darmstädter Gewicht stimmt mit dem württembergischen bis auf ein Geringes überein.

B. Vergleichung des württembergischen Getreidemaaßes mit dem ausländischen.

1 württemb. Scheffel hat 8 Simri oder 32 Vierling oder 256 Ecklein.
1 „ hat 4 „ „ 32 „
1 „ hat 8 „
1 württemb. Vierling ist gleich $1\frac{4}{10}$ österreichische Maßel.
1 „ „ „ „ $3\frac{7}{10}$ badische Mäßlein.

Aus: „Marianne Strüf's vollständiges Kochbuch für alle Stände.", Marianne Strüf, Dr. Becher's Verlag, Stuttgart, 1846. *(Foto: Lichtland)*

10.

Vom Wert des Essens und des Betens.

Herrgottswinkel. *(Foto: Karl-Heinz Paulus)*

Essen, Kirche und der liebe Gott leben heute in Distanz voneinander. Die Ehrfurcht vor der Schöpfung hat sich im industriellen Zeitalter rarer gemacht. Wo das Wissen um die Produktion und die Herkunft fehlt oder verdrängt wird, dafür wäre der Dank anonym. Was im Überfluss vorhanden ist, erfordert keinen Dank. Das gute Essen wird heute in Geld gemessen. Essen und Naschen passieren nebenher. Beim Autofahren. Auf dem Schulweg. Am Computer. Vor dem Fernseher. Gegessen wird überall und ständig. Ganz ohne Anlass. Zwischendurch. Aus reinem Genuss. Oder aus Langeweile. Wer da jedes Mal ein Gebet loslassen müsste davor. So mancher würde sich den nächsten Bissen überlegen. Und vielleicht ist mancher Bissen zwischendurch auch nicht einmal ein Gebet wert.

Das Tischgebet war früher selbstverständlich. So selbstverständlich wie das Kreuzzeichen über dem Brotlaib vor dem Anschneiden. Ein Zeichen der Dankbarkeit für das was auf den Teller kam. Ein Zeichen dafür, dass es nicht selbstverständlich war, dass überhaupt etwas auf den Teller kam. Der „Katechismus für die Elementarschulen im Erzbistum München-Freising“ war Lebensbegleiter auf den Bauernhöfen und lieferte die Vorgaben.

„Nach all den Erzählungen, Erlebnissen, Berichten, Überlegungen und auch lustigen Gedanken und amüsanten Geschichten plagt mich noch eine philosophische Frage:

Warum sind wir eigentlich auf dieser Welt und für wen?

Nur für mich? Nur für uns? Allein? – Nein!

Ich denke wir haben einen Schöpfer, den Herrgott. Und wir sind seine Geschöpfe. Vielleicht sollten wir in unserer vermeintlichen Allmacht wieder gnädiger zu ihm, zu den anderen und auch zur Mutter Erde werden. Und zu uns ehrlich und bescheiden.

Dazu passt ein Liedertext aus Tirol: (nächste Seite)

Die „Hinterglaswand" mit dem Herrgott aus Harsdorf. Eine Hand, ein Bein und das halbe Gesicht haben gefehlt. Die Renovierung kostete 1.400 Euro. *(Foto: Karl-Heinz Paulus)*

Gott hat alles recht gemacht
durch seine Hand,
er erschaffet Tag und Nacht,
das Firmament.

Hoi-di-idl dri didl-jo,
Ri didl-jo, ri didl-jo,
Hoi-di-idl dri didl-jo,
Ri didl-jo, ro.

Die Blumen auf Erden,
aufwachsen mit Freud,
alles muss werden,
wann kommet die Zeit.

Der Weinstock trägt Reben,
die Bäum' tragen Frücht',
alles muss leben,
wie Gott es befiehlt.

Text aus Kastelruth, Südtirol,
Melodie: Lorenz Maierhofer.

Tischgebete

Gebet vor dem Essen

Himmlischer Vater! Segne uns Speise und Trank, welche wir von deiner großen Güte empfangen werden. Verleihe uns Gnade und Gedeihen dazu, damit wir alles dir zur Ehre und uns zur Wohlfahrt gebrauchen, auch von deiner Liebe nimmermehr geschieden werden, durch Jesum Christum, unser Herrn. Amen.

Gebet nach dem Essen

Himmlischer Vater! Wir danken dir, daß du uns Unwürdige gespeiset hast, und deiner Gnaden väterlich teilhaftig machest, auch nimmer aufhörest, uns deine Wohlthaten gütig mitzuteilen. Lob und Ehre sei dir, o Gott, im Himmel! Friede den Menschen auf Erden, Gnade unseren Wohlthätern, die ewige Ruhe allen verstorbenen Christen, und nach diesem vergänglichen Leben komme uns die ewige Freude und Seligkeit zu! Amen.

Alle Gebete aus: „Katechismus für die Elementarschulen im Erzbistum München-Freising.", Verlag der Erzbischöflichen Kanzlei. Druck von Friedrich Pustet in Regensburg. München, 1898. *(Foto: Lichtland)*

Tischgebete

Falkenbacher ‚Ratschnbuam' ca. 1970 vorm Danihof-Austragshäusl. *(Foto: Karl-Heinz Paulus)*

Geheimnisse des Rosenkranzes

Eingang. 1. Der in uns den Glauben vermehre.
2. Der in uns die Hoffnung stärke.
3. Der in uns die Liebe entzünde.

Freudenreiche Geheimnisse

1. Den du, o Jungfrau! vom heiligen Geiste empfangen hast.
2. Den du, o Jungfrau! zu Elisabeth getragen hast.
3. Den du, o Jungfrau! geboren hast.
4. Den du, o Jungfrau! im Tempel aufgeopfert hast.

Glorreiche Geheimnisse

1. Der von den Toten auferstanden ist.
2. Der in den Himmel aufgefahren ist.
3. Der uns den heiligen Geist gesendet hat.
4. Der dich, o Jungfrau! in den Himmel aufgenommen hat.
5. Der dich, o Jungfrau! im Himmel gekrönt hat.

Gebet aus: „Katechismus für die Elementarschulen im Erzbistum München-Freising.", Verlag der Erzbischöflichen Kanzlei. Druck von Friedrich Pustet in Regensburg. München, 1898.

Tischgebete

Kapelle am Dorfplatz in Falkenbach. *(Foto: Karl-Heinz Paulus)*

Das Salve Regina

Gegrüßet seist du, Königin! Mutter der Barmherzigkeit, des Lebens Süßigkeit und unsere Hoffnung, sei gegrüßt! Zu dir rufen wir elende Kinder Evas. Zu dir seufzen wir trauernd und weinend in diesem Thale der Thränen. Wohlan, unsere Fürsprecherin! Wende deine barmherzigen Augen zu uns, und nach diesem Elende zeige uns Jesum, die gebenedeite Frucht deines Leibes; o gütige, o milde, o süße Jungfrau Maria!
V. Bitt für uns, o heilige Gottesgebärerin!
R. Auf daß wir würdig werden der Verheißungen Christi.
Allmächtiger ewiger Gott! Der du den Leib und die Seele der glorreichen Jungfrau und Mutter Maria zu einer würdigen Wohnung deines Sohnes, durch Mitwirkung des heiligen Geistes, vorbereitet hast, verleih uns, die wir mit Freuden ihr Andenken begehen, durch ihre milde Fürbitte von den bevorstehenden Übeln und dem ewigen Tode befreit werden, durch denselben Christum, unseren Herrn. Amen.

Gebet aus: „Katechismus für die Elementarschulen im Erzbistum München-Freising.“, Verlag der Erzbischöflichen Kanzlei. Druck von Friedrich Pustet in Regensburg. München, 1898.

Die Meinung, die Verhältnisse hätten sich geändert und Tischgebete wären angesichts aktueller Meldungen nicht mehr zeitgemäß, sei erlaubt. Allerdings sei auch die Ehrfurcht vor dem, was auf der Erde als unser Essen heranwächst, erlaubt. Eine Ehrfurcht, die dem Menschen mit dem Klimawandel und seinen Folgen unfreiwillig wieder bewusster werden könnte.
Es muss nicht das Tischgebet sein. Das kurze und bewusste Innehalten vor dem Essen reicht schon. Das genaue Hinschauen, was auf dem Teller ist. Unzählige Fotos von Tellern werden heute als Statussymbol durch die sozialen Medien gereicht. Wenn damit nicht nur Schein, sondern bewusstes Sein weitergegeben wird, kann das eine Brücke sein.
Eine Brücke von der Vergangenheit in die Zukunft. Eine Brücke, die zum bewussten Umgang mit Lebensmitteln und Essen führt.
Und zum Umgang mit den Resten. Mit dem Zuviel. Mit dem Wegwerfen.

„Es ist niemandem – und gerade den Köchinnen nicht – der Vorwurf zu machen, sie wären bei den Maßen und Gewichten etwa großzügig oder gar schlampig umgegangen. Trotzdem war nicht zu verhindern, dass ‚Reste' geblieben sind. Das ist kein mathematisches Problem, sondern ein durchaus menschliches.

‚Zweng soids net wern und olle soidn gnua griang.'

Und so blieben überall Reste in den Haushalten und besonders in den Wirtshäusern – auch in Freyung – und besonders beim hiesigen ‚Lang Bräu'. Dort gab es die ‚Tröwan' – beim Brauen übrig gebliebene Substanzen von Hopfen und Getreide. Sie waren als Futtermittel für ‚d'Sau', für ‚d'Henna', aber auch als Zufutter für ‚d'Kaiwö' und ‚für's Rindviech' sehr begehrt.

Im alten Markt Freyung v. W. – das war Ende der 40er Jahre und in den darauffolgenden Jahrzehnten – gab es ‚de Koazweiwa' – ‚de Juli und de Bawett'. Erstere war im Februar 1902 geboren, die Zweite im Dezember des gleichen Jahres. Sie stammten von den ‚Kainzen' am Geyersberg ab und waren verwandt zu den ‚Ernstbergern' in Freyung.

Sie hatten eine kleine Ökonomie mit zwei Kühen, einer Goas, Hühnern und zwei Schweinen. Mit dem bescheidenen Einkommen und dem Nebenverdienst der Juli als ‚Noderin' (Schneiderin) waren sie sozusagen ‚autark': ‚zum Leben zweng und zum Steam z'vej'.

Weil die Tiere im Stall so kaum zu halten waren, hatten sich die ‚Koazweiwa' entschlossen, das ‚Drang' im Markt zusammenzufahren. Sie hatten ein ‚händisches' Leiterwagerl mit einer großen Zinkwanne darauf und eine mächtige ‚Milibitschn' mit einem Bügelverschluss. Die Juli zog und die Bawett schob. So ging's von Haus zu Haus. Das ‚Drang' kam in die Zinkwanne.

Die ‚Bitschn' war schon damals für's Trennsystem. Sie war nur für die Bierreste – die ‚Noagal' – aus den Wirtshäusern da. Und es waren damals mehr als ein Dutzend Wirtshäuser in Freyung. Aber auch die ‚Tröwan' vom ‚Lang Bräu' und die Teigreste von den Bäckereien wurden darin ‚verwahrt'. Die Juli hat einmal gesagt: ‚De Noagal hand des Bessa für d'Sau. Wenn's a weng bsuffa hand, hoidn se sich staad und schlofand – und a so weans foast (feist).

Das ‚Drang' kam nicht so einfach von der Wanne in den Barren. Nein, es wurde noch ‚zerklaubt', also getrennt und zum Teil gewaschen und gekocht, denn die Tiere sollten nicht krank werden.

‚D'Koazweiwa': Die Schwestern Juli Kainz (re.) und Babette Haller (li.). *(Foto: Rosmarie Wagner)*

Die Schweinehaltung war für Juli und Bawett fast eine ‚Philosophie': De Schwara is für uns und de Gringa griagt da Metzga. Also war eine Hausschlachtung angesagt. Meist im Spätherbst. Kurz vor Weihnachten. Das Zeremoniell kann ich nicht schildern. Das wäre eine eigene Geschichte mit Blut rühren, Darm ausstreifen, Wursten und Einsuren.

Nur ein Detail zu den Innereien: Die Juli war eine leidenschaftliche ‚Schafkopferin'. Die Runde bestand neben ihr aus drei geistlichen Herren: dem Prälat Leutgeb, dem Kooperator Josef Peter und dem Kooperator Johann Wager. Man spielte um einen ‚Pfenning'. Einmal im Jahr war diese Runde auch bei den ‚Koazweibern' eingeladen zum ‚Schlachtfest'.
Als man sich eines Abends beim Kooperator Peter traf, begab sich Folgendes: Das Spiel lief einige Runden ganz normal bis dann der Kooperator Peter wieder zum Geben dran war. Schon bei den ersten vier Karten verzog die Juli das Gesicht. Sie hatte drei Siebener und einen Achter. Auch die nächsten vier Karten nur mit einem roten Neuner. Das war der Juli zu viel. Sie stand auf, warf dem Kooperator Peter die Karten ins Gesicht und schrie erzürnt: ‚So Peter. Schau meine Koatn a, oa Trümpfei, du hast b'schissn. Und des sog i dir a na: Des moi griagst du koa bochane Leber vo unsana Sau. Dass das woasst.'

Babette Haller ca. 1970. *(Foto: Rosmarie Wagner)*

Nun aber wieder zurück zu den Resten:

Die Art wie die Koazweiber die ‚Reste' gesammelt und wieder verwertet haben, wäre heute nicht mehr denkbar und auch nicht mehr erlaubt. Wie aber heute mit den Resten – sprich Müll – umgegangen wird, ist genauso unverständlich. Ich kritisiere nicht das kommunale Recycling. Die kopflosen Verbraucher werden von mir mit Kopfschütteln und oft auch mit Wut bedacht.

Das fängt an mit den Zigarettenstumperln und endet bei Entrümpelungen und Haushaltsauflösungen. Was die Gesetzgebung mit vielen absurden Vorschriften und Regulierungen vorschreibt, ist für den normalen Verstand oft nicht zu begreifen. Ich würde sagen, es ist ‚hirnverbrannt'.

Ich wünsche der Gesetzgebung mehr normalen und gesunden Hausverstand – einen Verstand, wie ihn die Koazweiwa schon vor hundert Jahren gezeigt und gelebt haben.'*

**Rosmarie Wagner ist eigentlich die Erzählerin dieser Geschichten von den ‚Koazweiwan'. Ich habe sie nur in Form gebracht. Rosmarie Wagner ist 1948 geboren und lebt heute in Freyung. Sie war mit ihrer Mutter viele Jahre mit den ‚Koazweiwan' zusammen und hat sie schließlich bis zu ihrem Lebensende betreut und gepflegt. Gelebt hat sie eigentlich in München. Sie war viele Jahre im Bayerischen Wirtschaftsministerium die rechte Hand von Wirtschaftsminister Anton Jaumann, danach im Bayerischen Siedlerbund Geschäftsführerin in Freyung und der gute Geist von Hans Presl. Das will was heißen! Herzlicher Dank an Rosmarie Wagner!*

Die ganze Story, vor allem die persönlichen Hintergründe, wurden mir erst klar mit der ‚Blaupause' meinerseits zum Erlebten. Rosmarie Wagner ist die Tochter von Rosina Hamberger, die als Ziehkind bei Juli Kainz und Babette Haller aufgewachsen ist und zum Teil auch dort gelebt hat. Babette Haller – die Bawett – hat in späteren Jahren noch den Maurermeister Ludwig Haller, ein Bruder von Rudolf Haller sen., Baumeister in Freyung, geheiratet."

Milchkandeln warten am Wegkreuz auf den Milchwagen. *(Foto: Karl-Heinz Paulus)*

Marchzipf in den 1970er Jahren. *(Foto: Aus dem Archiv der Familie Winkler aus Köppenreut)*

Die Vergangenheit war nicht immer gut. Die Gegenwart ist nicht immer gut. Zu wenig Gesetze schaffen Probleme. Zu viele Gesetze und Verordnungen erzeugen Unverständnis und Ablehnung. Landwirtschaft und Lebensmittelproduktion waren nach dem Mangel in der Nachkriegszeit von permanentem Wachstum und einem ausufernden internationalen Handel geprägt. Förderungen haben aus selbständig denkenden Bauern abhängige Produzenten gemacht.

Der Blick zurück öffnet den Blick auf das große Ganze.

Innehalten, nachdenken und verändern sind das Gebot der Stunde.

Das richtige Maß in Produktion, Handel und Konsum ein Ziel.

Das gute Leben und das bessere Lebensmittel eine natürliche Folge.

Wilde Malve. *(Foto: Hannelore Hopfer)*

Alle Rezepte in alphabetischer Reihenfolge

Ein stattlicher Blumenkohl. *(Foto: Karl-Heinz Paulus)*

Nicht mehr geläufige und * gekennzeichnete Begriffe:

Dampfl/Dampfel: . . Vorteig
Fleian: . . . . Abfall vom gedroschenen Getreide
gebäht: . . . . bähen: toasten, rösten
gewirkt: . . . . zerwirken: Jägersprache für enthäuten und zerlegen
Hachis: . . . . Mischung aus fein zerhackten Zutaten
Holder/Holler: . . . Holunder
incrustiert: . . . . . mit Kruste gebildet
Kapaun: . . . . kastrierter Hahn
Karfiol: . . . . Blumenkohl
Peterling: . . . . . . Petersilie
pfläumig: . . . . . . luftig
Porre: . . . . Lauch
Potageblech: . . . . . einschiebbares Blech
Rossa: . . . . Roßknecht
Schiesuppe: . . . . . Sud, Brühe
Seidlein: . . . . ca. 1 Glas oder 400 ml
Tüß: . . . . Soße
verabfolgen: . . . . . darreichen, verteilen
Vierling: . . . . ¼ Pfund oder 125 gr.
Welschnüsse: . . . . Walnüsse
zerschleichen: . . . zergehen lassen

Aufmerksame und neugierige Herdentiere haben ihren natürlichen Schutzinstinkt noch nicht verloren ...

Quellenverzeichnis:

Gedruckte Bücher:

„260 erprobte Rezepte zur Bereitung von Weihnachtsbäckereien", Marie Schandris, Verlag von Alfred Coppenrath H. Pawelek, Regensburg, 1909.

„Die gute Hausmannskost.", Verein für Volks-Hygiene, Verlag Karl Aug. Seyfried & Comp., München, 1924.

„Kochbuch für drei und mehr Personen", H. Lamprecht, Verlag von K. Dienstbier, München, Jahr: unbekannt.

„Sparkochbüchlein", Ergänzung zum Kochbuch für Drei von H. Lamprecht, Verlag von K. Dienstbier, München, Jahr: unbekannt.

„Katechismus für die Elementarschulen im Erzbistum München-Freising.", Verlag der Erzbischöflichen Kanzlei. Druck von Friedrich Pustet in Regensburg. München, 1898.

„Lieder aus der Küche", Hartmann Goertz, Ehrenwirth Verlag München, 1960.

„Marianne Strüf's vollständiges Kochbuch für alle Stände.", Marianne Strüf, Dr. Becher's Verlag, Stuttgart, 1846.

Notizbücher:

Notizbuch von Theres Seyerer (geb. 1887), Metzgersgattin aus Jandelsbrunn.

Notizbuch von Rosa Ernstberger (Lebenszeit unbekannt).

Großes Notizbuch von Centa Garhammer, später: Lankes (1913–1978), Zahnarztgattin aus Freyung.

Kleines Notizbuch von Centa Garhammer, später: Lankes (1913–1978), Zahnarztgattin aus Freyung.

Notizbuch von Luise Garhammer (1905–1990), aus Freyung.

Notizbuch ohne Deckel von Therese Gruber (1906–2002), aus Falkenbach.

Blaues Notizbuch von Therese Gruber (1906–2002), aus Falkenbach.

... und sind glücklich. *(Fotos: Karl-Heinz Paulus)*

Unverzichtbare Mitarbeiterin auf dem Danihof, „s‘Muzei“.
(Foto: Karl-Heinz Paulus)

Die auf den Seiten 33, 37, 39, 44, 45, 52, 54, 73, 74, 77, 81, 97, 100, 101, 103, 105, 117, 122 und auf dem Umschlag hinten abgebildeten Gerichte wurden von der Kochbuchautorin Helga Rohmann in Falkenbach zubereitet.

Bilder:
Archiv Familie Gruber, Falkenbach; Karl-Heinz Paulus, Falkenbach; Archiv Karl-Heinz Paulus, Falkenbach; Franz Hintermann, Waldkirchen; Hannelore Hopfer, Falkenbach; Fotostudio Eder, Grafenau; Archiv der Familie Winkler, Köppenreut; edition Lichtland, Freyung; shutterstock.com;
Umschlagbilder vorne: Hannelore Hopfer, edition Lichtland
Umschlagbilder hinten: Fotostudio Eder, Karl-Heinz Paulus, Archiv Karl-Heinz Paulus

edition Lichtland, Stadtplatz 6, 94078 Freyung
Layout und Satz: Edith Döringer, Melanie Lehner

ISBN: 978-3-947171-36-1, 1. Auflage 2021
www.lichtland.eu